企业HR管理和法律实务丛书

绩效考核与薪酬激励整体解决方案

畅销4版

U0822718

贺清君 著

中国法制出版社
CHINA LEGAL PUBLISHING HOUSE

大道至简：企业人力资源管理因接地气故而出真知

欣闻贺清君老师的专著《绩效考核与薪酬激励整体解决方案》上市至今已经多次再版印刷，作为贺老师多年的好朋友，本人非常高兴为本书再版作序。

现代知名管理学家彼得·德鲁克于1954年在其《管理的实践》一书中明确界定了“人力资源”一词。德鲁克在这部著作里提出了管理的三个更广泛的职能：管理企业、管理经理人员、管理员工及他们的工作，为此德鲁克界定了“人力资源”这一概念。德鲁克指出：和其他所有资源相比较而言，唯一的区别就是这个资源是人，并且是经理们必须考虑的具有“特殊资产”属性的资源。正如德鲁克所说“所谓企业管理最终就是人力资源管理，人力资源管理就是管理的代名词”。从这个意义上来讲，企业管理的核心就是“选用育留”人才，而绩效薪酬和激励是用好人才的关键。

人力资源管理要想做好，事实上已然涵盖企业管理学、政治经济学、法学、组织行为学等多种学科的基本知识和技能。传统人事管理活动只限于人员招聘、选拔、分派、工资发放、“五险一金”管理、档案管理之类特别琐碎的工作。后来逐渐涉及岗位价值分析、绩效考核、奖酬制度的设计与管理、人事制度的制定、员工培训活动的规划与组织等。

现代人力资源管理已经从传统管理工作转变为实现组织战略目标的基础保障，涉及组织架构优化、人力资源规划开发、核心人才“选用育留”等多维度竞争能力。如华为这样的优秀企业，十分重视人力资源管理，相应的管理活动涉及战略、组织、运营、财务、科技、风险和信息技术等模块。当下，更多的企业经营管理者所面临的挑战在于：如何使得企业人力资源管理接地气？如何深入企业内部，将人看作组织的首要资源，并通过加强人力资源开发，激发员工潜能，优化人力配置管理，激活组织活力等举措，实现人力资源管理更大的价值？

激励是人力资源管理的核心工作，其目的在于激发员工的工作动机和潜能，绩效考核与薪酬管理体系设计，是激发员工无限潜力的两把利剑，可以这么说，没有考核就没有人才核心价值评价，没有完善的薪酬福利体系则无法吸引和留住人才。

管理是科学，更是艺术。中国的企业管理不能脱离中国国情和鲜明的中国特色。因此，企业经营管理者的管理工作必须接地气，只有这样才有真正的价值。近年来，无论是校企合作，还是高校教师深入企业研究管理课题，无不深刻地推进企业管理向着理论和实践紧密融合，因此实战性的管理专著往往能引起管理者强烈的共鸣。

我国企业的人力资源管理水平是不平衡的，在市场经济日益发达的今天，国内企业各级管理者对人力资源管理的重视程度达到了前所未有的高度，一时间各式各样的管理概念和出版书籍在市面上出现，呈现出百家争鸣的局面。然而浩瀚的书海和热点的争论，有时给从业者带来的则是应接不暇，是在学习和实践中的无所适从。

贺老师的做事风格是任何事都要寻求本源，为管理找到关键突破口，从而达到“四两拨千斤”的效果，从这本书中，我们可以明确的一点是“人力资源管理要追求大道至简”。贺老师这本书汲取了企业管理界的知识和经验，并将之系统化地加以提炼和表述。书中阐述的管理知识可以帮助有志于提升人力资源管理水平的管理者加以参考和领会，但是读者不应完全机械照搬，因为只有适合企业的才是最好的。所以，需要在此提示的是，贺老师的这本心血之作不是“万能钥匙”：不同企业的管理基础不同，企业文化不同，企业管理风格不同，员工素质不同，企业管理水平不同……这么多不同点，如果生搬硬套书中的做法，可能会因“欲速则不达”而导致达不到预期效果。建议读者在丰富的知识点中提炼并寻求最适合企业的做法，如果发现有效的思路或举措，可以在实践中加以验证、调整和完善，这样的循序渐进是最可取的学习路径。

很多知名企业老板都把大量精力花在寻人和用人上，事实也证明，企业经营的成败在于核心人才的“选用育留”。在书中，贺老师提出“优秀人才是昂贵的，但却是免费的”，其后面的理念在于：优秀人才为企业创造的价值远远超过企业支付的报酬。企业选人涉及招聘的话题，用人涉及用其所长、避其所短，育人涉及人才培养，留人涉及用人机制。绩效、薪酬和激励是贯穿“选用育留”这个主题的主线，既涉及企业管理机制问题，又涉及利益分配问题，还涉及人才价值评价问题。

企业究竟建立什么样的人才观和价值观，这涉及绩效、薪酬和激励的管理理念问题。在推动企业绩效、薪酬和激励管理的过程中，管理者一定要立足于根本，建立优秀的绩效管理文化。如何建立良好的绩效、薪酬和激励文化，让员工在没有“天花板”的“舞台”上施展才能？如何选对“牛人”，把真正的人才用在适合而关键的岗位上，从而让企业“四梁八柱”稳健发展？员工在没有完成业绩时又当如何让其口服心服地认可公司的评价？如何及时发现团队中“搭便车”的“混子”并及时优化清理？如何让有业绩的员工“获得感”超越期望？如何通过考核、识别真正的人才并让优秀人才脱颖而出？如何建立“能者上、平者让、庸者下”的用人文化？如何考核让高层有使命感，中层有危机感，基层有饥饿感？企业如何采用极简 KPI 让绩效成为战略落地的抓手……这些问题要想深入解决，必须从管理理念入手，我非常高兴看到贺老师毫不保留地将其多年来在这些方面的管理实践和收获心得与大家一起分享。

在疫情期间，很多企业的经营管理面临复杂的经济和人才环境，任何管理知识和经验都有局限性，只有站在前人的肩膀上突破传统，针对企业管理痛点开展创造性的实践，才是解决企业绩效、薪酬和员工激励的钥匙。人性是不变的，但管理手段、方法和思路是要变化的。对于企业的经营管理者而言，接触和把握新的管理理念，积极拥抱变化，才是因地制宜解决企业人力管理问题最好的一把钥匙。

是为序！

北京大学光华管理学院组织与战略管理系副教授

北京大学管理案例研究中心执行主任

王铁民

2022年5月·北京大学

目录

CONTENTS

第一章

绩效和薪酬激励总体架构设计

本章导读

- 卓越管理绩效需要哪些关键基础要素?
- 优秀团队和构建管理架构有什么关系?
- 绩效考核与薪酬激励管理的架构是什么?
- 绩效考核与薪酬激励的主要管理流程是什么?
- 绩效考核与薪酬激励如何有效组织?
- 绩效考核与薪酬激励管理如何优化?

企业要想达到卓越的管理绩效，管理层高瞻远瞩的发展战略、清晰的战术计划、优秀的管理团队、团队强有力的执行力，以及极具竞争力的运营模式都必不可少，在这些关键成功要素的基础上做好科学有效的绩效管理和薪酬激励，就会达到“四两拨千斤”的管理效果。

一、优秀团队构建与管理架构的关系

任何一个企业的成功，首先源自一个优秀的管理团队，优秀团队的打造和绩效考核、薪酬激励究竟有什么关系呢?

图 1-1　这样的优秀团队无所不能

图 1-1 深刻阐述了企业经营成功的过程中涉及的若干成功要素，但是总结起来，想要打造有战斗力的优秀团队，对以下要素必须进行考量和研究：

- 谋略：战略战术是否清晰？
- 决策：分析是否科学有效？
- 责任：职责落实是否到位？
- 分工：任务分解是否细致？
- 执行：是否严格组织落实？
- 利益：是否建立起多劳多得机制？
- 激励：考核是否客观公正？
- 文化：是否凝聚核心力量？

从企业经营成功的高度审视绩效、薪酬和激励管理的价值。构建优秀团队关键要素中，除了谋略和决策以外（导航者和领航者角色涉及决策者的眼光和判断），其他关键成功要素都可以通过构建有效的绩效、薪酬和激励管理架构来解决。

- 责任：通过建立有效的职责分工来解决，日常加强管理职责的针对性考核；
- 分工：通过建立有效的岗位职责来解决，日常加强针对岗位职责的考核；
- 执行：通过有效的绩效考核体系来落实，工作做好做差都要有明确说法；
- 利益：通过建立明确的价值分配机制和切实有效的激励机制来落实；
- 激励：通过建立科学有效的绩效和薪酬体系来推动落实激励；
- 文化：作为凝聚人心的核心力量，文化建设必须建立在科学的绩效文化上，企业文化涉及企业价值观和经营理念，但是在经营管理和制度设计层面，绩效文化和有效的激励文化应成为企业文化的核心。

优秀团队的构建是企业管理架构构建成功的基础，因为优秀的管理团队决定绩效考核与薪酬激励的管理思想和管理理念，这些是管理架构的核心。

二、绩效考核与薪酬激励管理架构

绩效考核、薪酬和激励体系到底是什么样的关系？这是建立科学有效的绩效管理、薪酬管理和激励管理体系必须彻底弄清楚的问题。

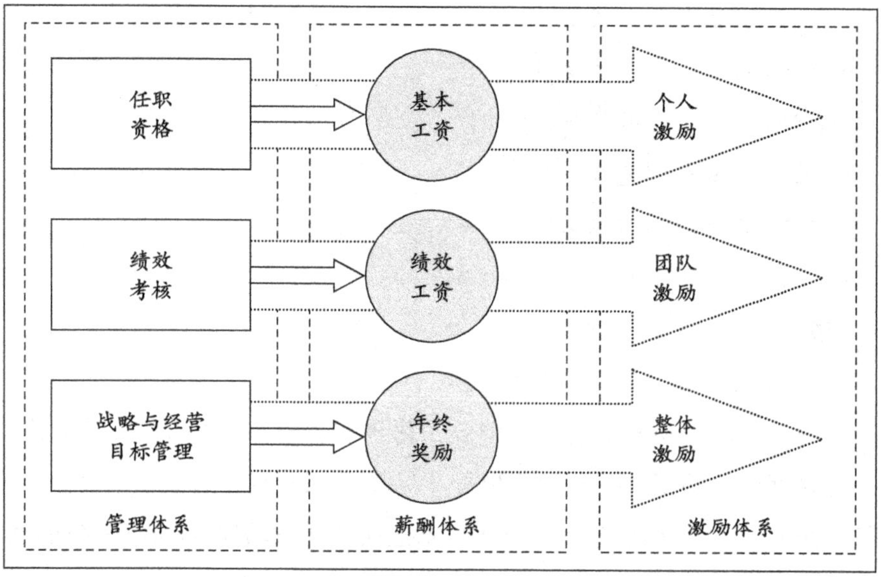

图 1-2　绩效考核与薪酬激励体系框架

上图是绩效考核与薪酬激励体系框架，也是本书最核心的管理思想体系设计，这个框架使得个人利益、团队利益和公司利益能够有机统一，有效融合了公司管理体系、薪酬体系和激励体系。

从上图可以看出，绩效考核层次：员工个人绩效→团队绩效→企业整体绩效。其中：

- 员工个人绩效：员工个人的工作行为、表现和业绩，个人绩效和个人薪酬职级挂钩；
- 团队绩效：基于团队合作（如部门等）产生的业绩，团队绩效和个人绩效工资挂钩；
- 企业整体绩效：多个团队（部门）共同努力所产生的业绩，企业绩效和企业年终奖励挂钩。

三、绩效考核与薪酬激励管理组织

企业绩效考核与薪酬激励体系的实施是决定企业未来转型的“顶层设计”，

这套体系的设计源自管理层的支持，而绝对不仅仅是人力资源部的事情。

在本套绩效考核与薪酬激励体系设计实施过程中，相关责任分工如下：

表 1-1　绩效考核与薪酬激励相关责任分工

部　门	主要职责	关键参与环节
管理层	对企业激励政策提供支持，特别是对重大决策，如薪酬和奖励政策等要给予支持	对所有主要制度和配套制度的实施要审批
人力资源部	在公司整体顶层设计中，要积极推进这套体系的有效组织和设计，认真做好制度实施调研，为制度科学实施提供有效支持；制度实施后要做好宣贯培训工作；做好制度实施后的及时总结和沟通	制度起草、制度评审、制度实施、宣贯培训、对制度实施存在问题的及时反馈
财务部	做好制度实施的精确预算，为管理层提供财务预测方面的支持	实施成本预算的科学有效性
相关部门	参与制度的起草工作，参与制度的评审，发现问题及时反馈给人力资源部	参与制度实施的决策

为了加强薪酬管理的科学性和有效性，在薪酬管理实际工作中需要成立绩效薪酬领导小组（或绩效薪酬管理委员会）。企业绩效薪酬领导小组为员工薪酬管理的最高决策机构，由企业总经理、副总经理、人力资源部负责人及业务部门经理组成，主要职责如下：

- 负责审议确定企业绩效考核管理制度；
- 负责审议确定企业薪酬战略和薪酬管理方针；
- 负责审核确认薪酬总量管理方案以及年度绩效工资激励方案；
- 负责审核确认企业战略决策层人员薪酬标准和发放形式；
- 负责审批处理企业薪酬政策和管理制度规定之外的特殊或重大薪酬事项。

四、绩效考核与薪酬激励实施流程

任何一套有效的绩效管理与薪酬激励体系的实施都要有一套科学的设计

流程，这套流程是制度体系成功实施的保证。

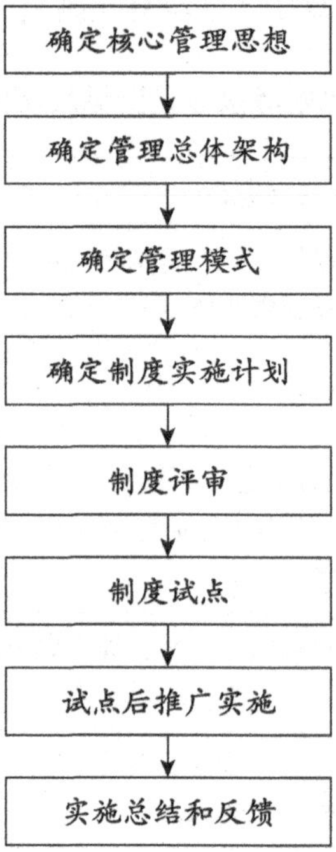

图 1-3　绩效与薪酬管理总体流程

1. 确定核心管理思想

管理思想是企业管理的灵魂，需要管理者从企业中长期经营战略的高度审视未来的管理思路。如果没有管理思路，那么整套管理架构设计就失去了灵魂。

为了确定企业绩效考核与薪酬激励的整体思想，需要管理层组织各级经理一起研讨，在借鉴同行竞争对手管理思路的基础上，结合企业管理的实际需要，提炼出一套符合企业实际需求的管理思路和管理思想。

2. 确定管理总体架构

绩效考核、薪酬体系和激励体系，每个模块都不是独立的，需要有机结合才能推动公司管理变革。

3. 确定各模块管理模式

绩效考核有各种考核模式，薪酬体系有各种管理模式，激励体系也有短期和中长期的激励模式。这些模式如何选择？如何有效整合于一套管理架构中，需要管理层认真研究和思考。

4. 确定制度实施计划

在确定管理架构和管理模式的基础上，要设计出这套管理架构和管理模式需要哪些管理制度的支撑，制度编写需要落实到哪些责任部门，需要落实到哪些责任人，哪些是相关制度参与部门，制度实施计划什么时候起草完毕，这些都要纳入统一的实施计划中。

5. 制度评审

这是制度实施有效性的根本保证，在制度实施计划起草完毕后，需要组织相关人员进行集体评审。对于涉及员工切身利益的制度在发布前，必要时还要组织工会（员工代表）进行评审，确保制度的有效实施。

6. 制度试点

任何制度在推行过程中，最有效的方式就是选择部门进行试点，这样可以保证及时发现制度设计的缺陷，把制度缺陷消灭在萌芽状态，而不至于大面积实施给企业造成损失。

试点部门的选择需要管理层认真研讨：选择哪些部门具有代表性？哪些部门对制度比较挑剔？哪些部门对制度实施是欢迎的？试点周期有多长？以上问题都要认真考虑。

7. 试点后推广实施

一旦这套架构涉及的所有制度试点完成，就可以在公司大面积推广和实施。

8. 实施总结和反馈

制度实施过程中，对于在企业范围内发现的典型问题要进行及时的总结和归类分析，作为制度实施优化的依据。

五、绩效考核与薪酬激励管理优化

任何制度在实施过程中都会逐渐显现出它是否真正有效以及存在哪些缺陷和问题等，为此企业每年都需要对制度进行充分细致的调研和优化，确保制度实施的长期有效性和科学性。

表 1-2　绩效考核与薪酬激励管理优化总结

关键优化点	常见典型问题	完善时机
绩效考核政策参数	绩效考核指标体系的构建、指标的权重是否适合企业各个岗位及各种类型的员工	年度进行考核指标和权重集中调整
薪酬管理战略要求	企业薪酬职级的完善需要结合外部竞争环境，并根据企业薪酬战略进行调整。此外，薪酬职级每年都要根据员工考核进行有效调整	年度进行薪酬职级集中调整
考核激励有效性	绩效工资和员工考核结果挂钩，但是考核是否起到切实有效的激励作用？考核体系是否做到有效宣传？	根据年度考核结果进行数据分析和制度调整
薪酬激励有效性	职能工资制的实施、年薪制的实施、年终奖的实施是否有激励效果？	年度进行模式和参数集中调整
任职资格内容科学性	任职资格定义后要有一个比较长的试点过程，任职资格管理价值需要一个长期的显现过程	每年企业都要根据组织结构调整和职位管理要求及时进行完善

小贴士

绩效考核与薪酬激励管理架构顶层设计需要集体智慧，绝非单独依靠人力资源部就能完成。企业经营管理理念和管理思想是设计这套管理体系、管理制度和管理流程的灵魂。

在企业管理实践中，这套体系要依据企业发展战略规划的调整来完善，以确保它的有效性。

第二章

绩效考核管理体系设计

本章导读

- 绩效管理与绩效考核究竟有什么关系？
- 绩效考核管理总体工作目标是什么？
- 绩效考核管理主要工作流程是什么？
- 绩效考核主要有哪些常见管理方法？
- 绩效考核都有哪些常见热点问题？
- 考核结果如何让员工心服口服？
- “强制分布法”在实施中有何玄机？
- 年度考核如何有效做好人才盘点？
- 绩效考核有哪些需注意的实施细节？
- 如何有效应用绩效考核最终结果？
- 绩效考核管理制度应该如何设计？

一、绩效管理的主要目标

在企业实际管理过程中，绩效管理的主要目标如下：

目标 1	持续提升企业的管理水平和管理能力
目标 2	不断提高公司与员工的业绩目标导向
目标 3	向员工明确传达企业绩效管理价值观
目标 4	将绩效考核作为业绩提升的有效手段
目标 5	最终实现企业与员工价值上的双赢

图 2-1　绩效管理的五大目标

作为企业管理者，只有深刻明确绩效管理的核心价值，管理上才不至于陷入“只见树木不见森林”的困境，才能使企业从经营高度上避免陷入具体绩效考核的繁杂实务中而迷失管理方向。

绩效管理体系是企业管理系统的重要组成部分，渗透在企业管理的所有过程和各个方面，良好的绩效管理体系不仅是企业经营战略落地的有效抓手，还应该成为企业提升管理执行力的重要保证。

二、绩效管理的基本流程

绩效管理，是指企业中的管理者通过设定员工的工作目标与工作内容、提升员工的工作能力，从而评价和激励员工工作成果的过程。

绩效管理也是企业人力资源管理体系中最核心和最关键的模块。只有把企业的价值观和经营理念与员工的价值创造紧密联系起来，正确激励和引导员工，才能实现企业价值与员工利益的双赢。

绩效管理体系的实施需要经历 PDCA（计划——执行——检查——处理）这个完整的流程，分别阐述如下：

1. 绩效计划

绩效计划是绩效考核实施计划制订的过程，企业各级管理者需将考核周期内员工工作目标、工作内容、工作完成具体要求等作出明确说明，并与员工达成一致。

绩效计划最终要完成以下内容：

- 通过岗位职责说明书、年度任务等提炼出绩效考核指标，其中年度可量化的任务指标需要企业多次召开会议，并与各级负责人协商确定；
- 确定企业总体考核指标，层层分解到各个部门和岗位，各部门要对绩效任务完成的可行性进行充分的内部研讨；
- 做好岗位筛选并确定关键考核指标；
- 确定考核指标权重、目标值和考核分数计算方式；
- 编制年度绩效考核计划，详细落实相关绩效计划书或年度绩效考核任务书。

验证绩效计划做得好坏的最终标准是企业年度目标与部门目标一致，考核权重充分由不同责任主体承担，绩效标准定义清晰并得到相关关系人的承诺认可。

2. 绩效执行

绩效考核的目的不是处罚或难为员工，而是通过不断提升员工工作绩效提升企业总体绩效。这就要求企业各级管理者在整个绩效考核周期内持续与员工进行绩效沟通，及时发现在工作过程中出现的问题，通过不断指导来帮助员工改进工作、解决问题。

3. 绩效评价

绩效评价是绩效考核中的关键环节，绩效评价主要是通过一些考核评价方法对员工的工作表现作出评价（或评分）。

4. 绩效反馈

绩效反馈是被很多企业忽视的一个环节，但绩效反馈做得不好或缺失，会使前面的绩效考核成果大打折扣。

绩效反馈，是指在绩效考核周期结束后，企业各级管理者要及时与员工进行有关绩效评价的谈话，将考核结果及时反馈给员工，鼓励好的方面，同时指出不足和需要改进的方面。

三、绩效管理与绩效考核

在很多人眼中，企业绩效考核只是在月底、季度末或年度末的时候对员工的工作表现进行评分，作为绩效工资或者奖金发放的依据。这种观点把绩效考核仅仅局限在绩效评价方面，是非常片面的，并没有完全理解绩效考核的真正意义。

绩效管理与绩效考核虽然只有两字之差，但是在涵盖的内容、折射的思想理念等很多方面都存在差别。绩效管理，是指通过人力资源管理来保证企业以最佳途径和方法达成特定的使命和目标，因而是一个对绩效总体工作把控的过程。绩效考核，是指评估对照工作目标或绩效标准，采用科学的考评方法，评定员工的工作任务完成情况、员工的工作职责履行程度和员工的发展情况，并且将评定结果反馈给员工的过程。

绩效管理与绩效考核的区别如下表所示：

表 2-1　绩效管理与绩效考核的关系

区别要点	绩效考核	绩效管理
内容方面	面向结果	面向结果与过程
管理着眼点	监督和控制	激励和发展
管理重心	如何考核评价	与企业战略关联
企业管理者角度	裁判	教练
管理流程	一次性考核	持续评估和沟通

从一定意义上来讲，绩效考核是绩效管理的核心，绩效考核是绩效管理中的一个重要环节，它从制度上明确规定了员工和企业考核的具体程序和方法，为绩效管理的运行和实施提供了前提和管理依据。

四、绩效考核管理流程

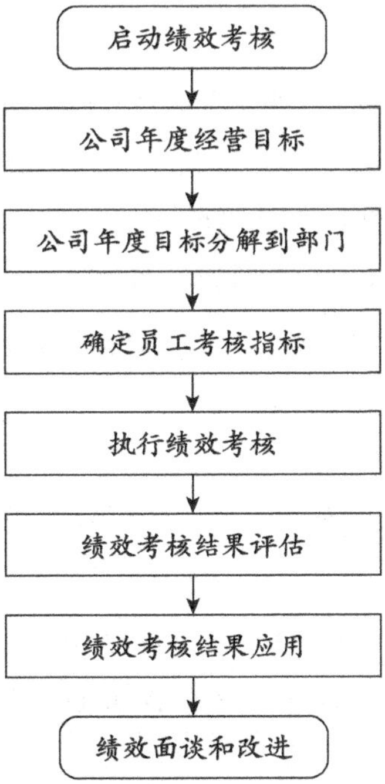

图 2-2　绩效考核流程

1. 启动绩效考核

绩效考核的实施流程，前提是公司已经制定并发布《绩效考核管理制度》，明确了考核职责分工，明确了不同类型人员考核周期，同时对每种类型的人员确定了具体的考核方法，这些准备工作的成果就是公司发布有效的《绩效考核管理制度》。

在企业管理制度发布的基础上，可以正式启动绩效考核。

2. 公司年度经营目标

公司年度经营目标主要基于企业发展战略，同时结合市场竞争环境的变化，企业经营目标主要包括业绩目标（销售目标）、市场目标、客户服务目标、管理目标、员工技能提升目标等。

公司经营目标的制定需要每个部门的积极参与，这是目标沟通的过程。

（1）业绩目标：净利润、销售收入、净现金流量等，这些指标主要用来评价公司收益能力及市场表现以判断公司经营风险；同时，分解到各产品线和事业部承载相对应的业绩指标。

（2）市场目标：按照公司经营计划，对市场及客户的维系和拓展度、市场占有率、产品技术先进性、客户满意度、产品质量、验收合格率等，评价公司在为客户提供产品过程中的综合表现。

（3）管理目标：管理制度科学规范、流程执行切实高效、绩效考核严谨公正以及相配套的奖惩机制和人才培养机制建立完善程度。

3. 年度目标分解

通过绩效考核任务书的有效签署，公司各级经营管理目标要分解落实到每个部门。

需要特别注意的是，有些考核指标横贯每个部门。在这种情况下，有些跨部门的考核指标就需要通过考核权重的调节来平衡每个部门的职责权重。

4. 确定员工考核指标

各部门通过有效的绩效沟通，和企业每个员工落实绩效考核任务书作为考核的依据。

5. 执行绩效考核

公司高管、各个部门负责人以及员工签订绩效考核任务书后，正式执行绩效考核。

为了绩效考核工作顺利推进，考核指标的绩效沟通是绩效考核管理的核心，公司倡导各考核单元集体沟通确保绩效沟通的有效性，绩效沟通必须完成以下内容：

- 明确向员工传达公司倡导的价值观和业绩导向；
- 明确绩效考核指标的来源和依据；
- 明确被考核者的任务目标。

绩效沟通的主要方式分类：

（1）正式沟通

- 书面报告：周报、月报、季报或者年报等正式报告方式；
- 会议沟通：主要适合团队沟通的方式；
- 面谈沟通：以正式面谈的方式进行深刻的沟通。

（2）非正式沟通

- 走动式管理：管理者定期或不定期和员工交流；
- 开放式办公：员工可随时到主管领导办公室进行沟通；
- 非正式会议：利用各种聚餐等时机，大家在轻松愉快的气氛中进行工作沟通。

6. 绩效考核结果评估

每季度结束，人力资源部下发通知正式启动考核，各部门根据季度考核指标进行自评，自评后提交人力资源部。

7. 绩效考核结果应用

各部门负责人将本部门成员考核成绩提交人力资源部审核备案，人力资源部对考核成绩有异议的，各部门负责人必须限期进行调整。

各中心（部门）负责人打分前要和本部门所有员工进行绩效沟通，尤其是对绩效工资有调整的员工进行充分沟通，确保考核成绩得到员工的充分认可。

员工受到不公正考核，或者员工对于考核结果有重大异议的，在成绩公布后一定限期内通过绩效考核申诉表或者电子邮件等方式向公司人力资源部提起申诉。人力资源部在接到员工申诉后要组织相关人员进行评估，给员工一个合理的解释，申诉结果要跟踪处理完毕并存档备案。

人力资源部每季度在所有考核成绩确定后，汇总最终考核成绩，提交公司审批后按照《绩效考核管理制度》执行。

表 2–2　绩效考核申诉表

申诉人		岗　位		所在部门	
考核者		考核期间		考核成绩	
申诉事件及理由（提供证据）	申诉人：　　日期：				
考核者说明（提供证据）	考核者：　　日期：				
申诉处理意见人	人力资源部：　　日期：				
审批栏	人力资源总监：　　日期：				

8. 绩效面谈与绩效改进

如图 2–3 所示，影响员工工作绩效的因素有很多，不仅是知识、技能，还有员工工作动机、价值观、工作态度，以及个人特质等因素，因此必须通过有效的面谈沟通清楚。

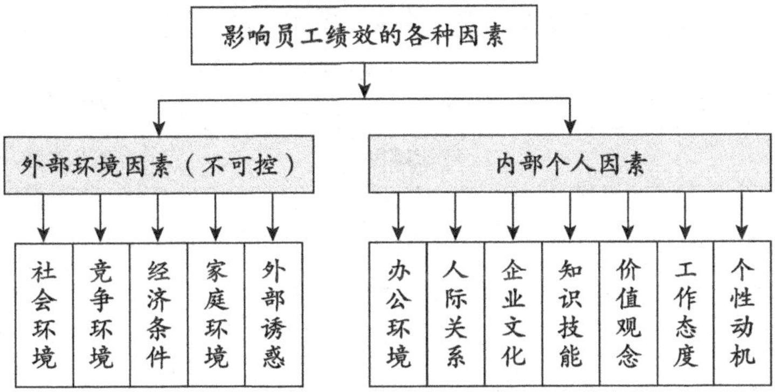

图 2-3　影响员工绩效的各种因素

绩效沟通的关键价值包括：

- 将绩效考核作为绩效提升的有效手段；
- 做好业绩过程监控，及时发现并解决问题，不断改进各项工作；
- 及时发现各项管理中的薄弱环节并找到解决问题的方法；
- 对于执行不力和表现欠佳的员工要有绩效考核应对方案。

绩效沟通最终要达到目标管理和计划管理的目的。有效的绩效沟通通过绩效面谈来实现。各级主管经理首先要注意培养自己的倾听技巧：

- 以充分沟通而不是惩处为目的：坦诚沟通，认真分析问题；
- 对事不对人：当员工做错事或处事不当时要避免对人不对事；
- 主管要积极聆听：多听少说，让下属充分表达自己的意见；
- 切忌和无关的人员对比：有些时候和无关人员的对比会打击员工的积极性；
- 功过分明：绩效沟通过程切忌“泼冷水”，如果员工做了一件好事应及时表扬和鼓励；
- 注意说话技巧与态度：作为一个倾听者，要表现出对下属谈话内容的兴趣，以确保充分有效的沟通；
- 对于合理化意见要及时落实：通过绩效反馈的意见要收集并进行系统总结。

表 2-3　绩效考核面谈表

<table>
<tr><td>被考核人</td><td></td><td>岗　　位</td><td></td><td>所在部门</td><td></td></tr>
<tr><td>考核者</td><td></td><td>考核期间</td><td></td><td>考核成绩</td><td></td></tr>
<tr><td>访谈目标</td><td colspan="5"></td></tr>
<tr><td>访谈方式</td><td colspan="5"></td></tr>
<tr><td>访谈地点</td><td colspan="5"></td></tr>
<tr><td>访谈纲要</td><td colspan="5">（1）
（2）
（3）
（4）
（5）
……</td></tr>
<tr><td rowspan="9">访谈
问题
记录</td><td colspan="2">面谈内容</td><td colspan="2">面谈结果</td><td>主要意见或建议</td></tr>
<tr><td colspan="2">是否认同考核结果</td><td colspan="2"></td><td></td></tr>
<tr><td colspan="2">工作突出之处</td><td colspan="2"></td><td></td></tr>
<tr><td colspan="2">工作不足之处</td><td colspan="2"></td><td></td></tr>
<tr><td colspan="2">下一步改进目标</td><td colspan="2"></td><td></td></tr>
<tr><td colspan="2">希望得到的支持</td><td colspan="2"></td><td></td></tr>
<tr><td colspan="2">希望获得的培训</td><td colspan="2"></td><td></td></tr>
<tr><td colspan="2">……</td><td colspan="2"></td><td></td></tr>
<tr><td colspan="2">……</td><td colspan="2"></td><td></td></tr>
<tr><td>访谈人</td><td colspan="5">访谈人（签字 / 日期）</td></tr>
</table>

小贴士

绩效面谈的核心目的是透过双向沟通，及时发现问题而不是惩罚员工，发现问题并齐心协力地解决问题，通过绩效沟通让员工明确下一步的工作方向和目标。

对于表现欠佳的员工，要认真分析绩效差的根源，绩效当面沟通后，对于绩效表现差的员工应落实绩效改进计划表，提出并落实绩效改进的要点。

绩效改进流程：

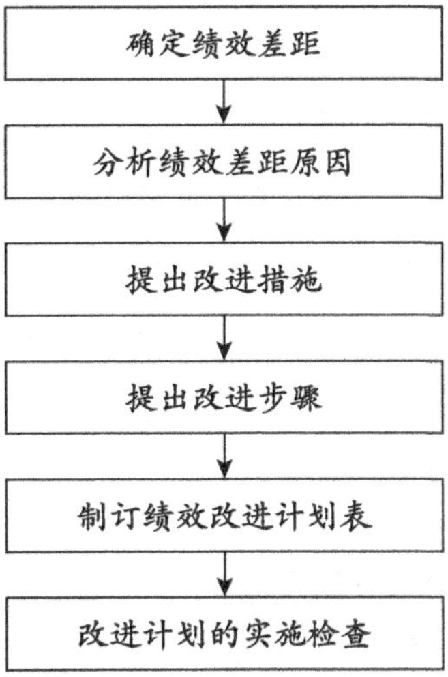

图 2-4　绩效改进流程

绩效改进主要内容如下：

- 有待改进的要点；
- 需要改进的主要原因；
- 目前现状和改进期望值；
- 绩效改进的计划；
- 绩效改进的时限要求。

表 2-4　绩效改进计划表

被考核人		岗　　位		所在部门	
考核者		考核期间		考核成绩	
访谈日期		访谈地点		访谈人	
绩效差距分析					
绩效差距主要原因分析					
改进措施					
改进步骤					
绩效改进详细计划	改进要点	改进计划		时限要求	
员工确认	员工（签字 / 日期）				
最终改进结果评价	**期末评价：** ☐优秀：出色完成改进计划 ☐符合要求：完成改进计划 ☐尚待改进：与改进计划目标有差距 **评价说明：** 评价人（签字 / 日期）				

需要说明的一点是，绩效改进计划要有可操作性，要符合 SMART 原则（具体、可衡量、努力可达到、内容相关性和时限要求），改进计划需经过充分沟通和双方认可，不能是管理者一厢情愿的要求。

五、绩效考核常见方法

企业管理实践中常用的绩效考核方法有：目标管理法、关键绩效指标法、平衡计分卡、360度反馈考核法、目标与关键成果法、序列比较法、相对比较法、等级评定法等。

1. 目标管理法

目标管理，是指由管理者和员工共同商定具体的绩效目标，定期检查目标的完成情况，并根据目标的完成情况确定相关联的奖励或惩罚。目标管理法是属于以结果为导向的考核方式，以员工的实际工作产出为依据，考评的重点是员工设定目标对应的工作成果。

员工个人工作目标要根据企业和团队的工作目标来确定，目标管理法是由员工与管理者一起协商制定自己的工作目标，工作内容、目标工作成果以及完成目标的时限要达成一致。

（1）目标管理法的原则

企业的经营计划和任务必须转化为可分解的各项管理目标：

- 必须为企业各级各类人员和部门规定明确目标：如果一项工作没有特定的目标，特别是没有将管理职责落实到具体人员，员工不可避免地会出现“扯皮推诿”的现象；
- 目标管理的对象包括管理者及普通员工，管理层同样不能游离于目标考核之外；
- 实现目标与考核标准的系统化管理；
- 目标激励效应：目标要强调发挥员工的创造性和积极性，每个人都要积极参与目标的制定和实施；
- 目标关联性：部门和员工的目标都不能偏离企业经营管理的总目标。

（2）目标的制定与分解

先确定企业的整体目标及战略，进而各个部门的管理者与上级沟通制定本部门的团队绩效目标，最终部门员工与部门管理者协商制定自己的个人绩效目标。

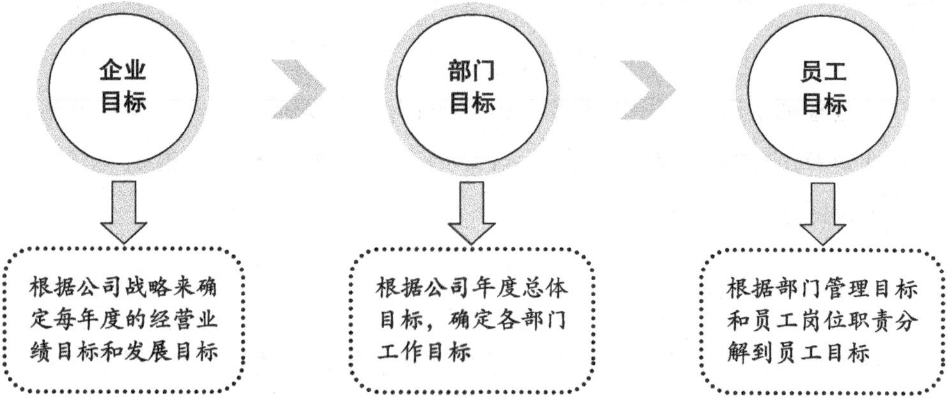

图 2-5 企业管理目标分解示意图

以上目标制定的过程充分体现了绩效目标逐级分解的过程，在实际应用中应该注意的是，绩效目标一定要自上而下最终分解到个人，并且注意各个分目标在实现时所需要的条件，如人力、物力和财力等。同时，各个分目标之间要协调好完成的时间，尽量保持同步推进，以确保目标的总体实现。

从企业总体目标分解角度，参考分解方式如下：

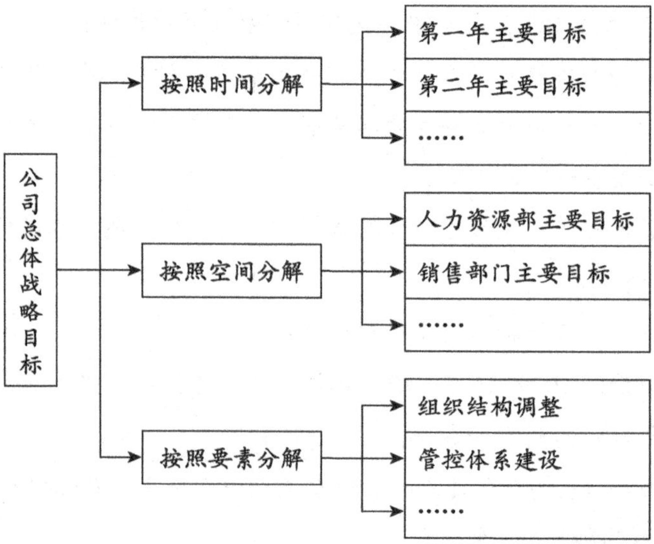

图 2-6 企业总体目标分解图

企业战略目标设计体系的成功原则是系统性、完整性、承接性和协作性的统一，如果没有系统考虑，那么目标设计过程中缺乏部门之间相互支持的要素，会使各个部门的考核各自为战，最终无法形成管理的合力，目标管理法可以结合关键绩效指标法进行落地。

2. 关键绩效指标法

KPI 是英文 Key Performance Indicator 的缩写，简称关键绩效指标，KPI 是绩效考核的经典方法，事实上很多考核方法如 BSC（平衡计分卡）等都源自 KPI 或者是 KPI 的变形。

KPI 本质上是一种目标式量化管理指标，通过公司战略目标自上而下层层分解指标的方式，为各级业务或管理部门建立明确的切实可行的 KPI 体系，KPI 也是绩效计划的重要组成部分。

KPI 指标建立过程中应符合一个重要的管理原则——“二八定律”，即 80% 的工作任务是由 20% 的关键行为完成的，所以企业在对具体部门或岗位设置 KPI 指标时切记不宜过多，防止“眉毛胡子一把抓”抓不住重点的问题。

建立 KPI 指标的要点在于计划性和系统性：KPI 具体指标源自公司战略目标的分解，是对公司战略目标的进一步细化，KPI 如同指挥棒指导着各级业务发展方向以重新适应和承接公司新的战略。KPI 实施逻辑是通过将企业的愿景、使命和价值观转化为企业的战略规划，进而将组织的战略规划分解为组织的发展目标，然后将组织目标分解成各级业务关键目标，最后分解到部门和具体岗位中。

KPI 是对企业运营过程中关键成功要素的提炼和归纳。一般有如下特征：一是系统性，KPI 指标必须站在公司发展全局来谋划，必须做战略解码，覆盖公司发展的各个维度；二是可控性，绩效指标必须是现实的、通过努力可达到的；三是管理导向性，KPI 是指挥棒，更是工作指南针，公司通过内部管理流程默契协作达到公司发展目标。

KPI 实施过程中在确定关键绩效指标时要坚持 SMART 原则：SMART 是 5 个英文单词首字母的缩写：“S”代表具体（Specific），指绩效考核指标不能模糊笼统、含糊不清；“M”代表可度量（Measurable），指绩效指标可量化，并且验证这些绩效指标的数据或者信息是容易获得的；“A”代表可实现（Attainable），指绩效指标在正常努力的情况下是可以实现的；“R”代表有关联性（Relevant），指绩效指标具有层级关联性，最终与公司发展目标相结合；“T”代表有时限（Time-bound），指完成绩效指标必须有特定期限的要求。

KPI的主要优点在于目标导向明确，上下同欲达到凝聚力量的作用，有利于把各级业务通过KPI穿插在一起形成一股绳。KPI的缺点在于指标界定有时候要依靠公司管理层的能力，一旦制定指标过高或过低，则最终考核数据有可能失真；KPI指标会导致员工“各人自扫门前雪，莫管他人瓦上霜”的问题，从而出现团队“内卷”情况；此外，KPI考核过程会导致员工陷入机械死板的考核方式，特别是不考虑组织环境等客观环境会造成对某些员工的评价产生争议或分歧。

在企业人力管理实践中，从公司发展周期的角度来看，KPI比较适合应用于处在成熟稳定期的公司，不适合应用于快速发展变革的公司；从行业属性角度来看，KPI比较适合应用于业务发展比较稳健、变化不大的行业如生产制造业，创新型企业如互联网企业则不适合；从岗位属性的角度来看，KPI比较适合应用于工作比较容易被量化、工作内容比较稳定的岗位。

3. 平衡计分卡

平衡计分卡（BSC）以企业战略为导向，通过财务、客户、内部业务流程和学习与增长四个方面及其业绩指标的因果关系，全面系统地对企业总体业绩进行综合评价。从一定意义上来讲，平衡计分卡既是一个绩效评价系统，也是企业战略管理系统。

平衡计分卡中四个维度的目标和指标来源于企业的总体发展战略，它把企业的使命和战略转化为具体可衡量的指标，通过这些指标确保战略的可执行和可操作。

平衡计分卡主要维度概述：

①财务方面：主要明确企业财务管理目标，通过财务体现企业战略实施和执行力是否符合企业的预期经营目标；

②客户方面：明确企业参与竞争的目标市场客户，如何提升市场份额获得客户的认可，如何有效提升客户满意度；

③内部经营管理方面：要明确影响企业经营战略目标实现的内部经营管理的关键成功要素（KSF），明确如何从顶层管理架构入手改善企业内部运营效率，改进和优化管理流程，最终实现客户满意度持续提升；

④学习和成长方面：要明确企业可持续发展的动力来源，如对员工知识和能力的投资、对人才的培养，这些都是企业未来可持续发展的基础。

平衡计分卡的本质在于管理的平衡：内部客户和外部客户平衡，未来战略和管理现状改进的平衡，通过四个维度的平衡把相关部门的目标同企业战略联系在一起。

这四个维度的影响是动态的、关联的：企业员工的能力和素质决定产品质量，产品质量影响销售业绩。同时，产品质量决定顾客满意度和忠诚度，顾客满意度和忠诚度最终会影响企业财务状况和市场份额。企业为提高经营成果，必须使产品或服务赢得顾客的信赖，要使顾客信赖，必须提供令顾客满意的产品，为此改进内部管理意义重大。

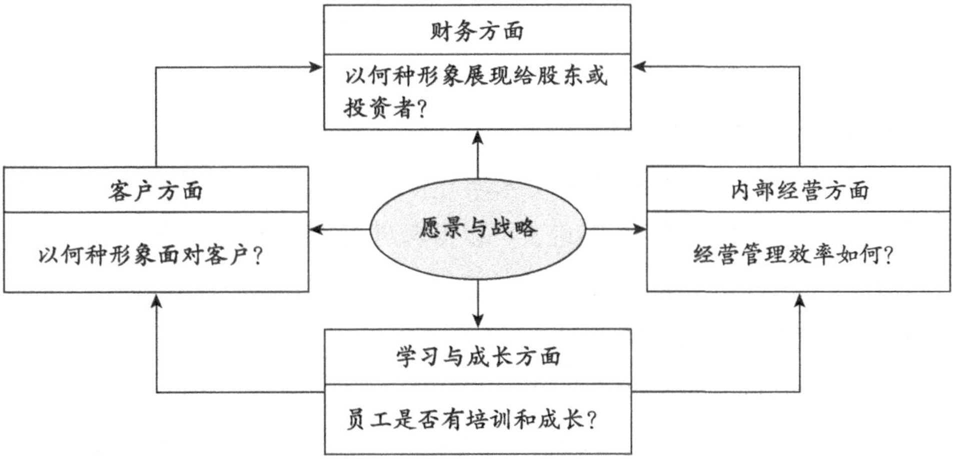

图 2-7 平衡计分卡示意图

表 2-5　平衡计分卡评价常见重点考核指标

项　目	常见指标名称	考核目的
财务角度	净资产利润率	企业权益资本获利能力，为股东带来更大的价值回报
	利润率	评价企业的收益能力及市场表现
	销售收入	企业收入规模及增长速度，要实现企业业务合理增长
	净现金流量	企业获利质量和持续经营能力，降低企业经营风险
客户角度	客户满意度	评价企业在为客户提供产品过程中的综合表现
	产品质量投诉次数	工程施工过程中的质量控制效果
	验收合格率	项目质量满足客户要求的比率
内部流程	管理制度规范性	企业各项管理是否科学规范
	流程执行效果	企业新的流程制度的执行效果
学习与发展	关键人才培养计划完成率	企业范围内各部门培养关键人才的情况
	内部培训落实率	内部培训计划落实比率
	外部培训落实率	从外部引入培训计划的落实比率

平衡计分卡的实施步骤：

①确定企业发展战略

企业首先要建立愿景与战略，使每一个部门可以采用一些绩效衡量指标去完成企业的愿景与战略。另外，可以考虑建立部门级战略。同时，成立平衡计分卡小组或委员会去解释企业的愿景和战略，并建立财务、客户、内部流程、学习与成长四个方面的具体目标。

②绩效指标体系的设计与建立

本阶段的主要任务是依据企业的战略目标，结合企业长短期发展的需要，为四类具体的指标找出其最具有意义的绩效衡量指标，并对所设计的指标要自上而下、从内部到外部进行交流，征询各方面的意见，吸收各方面的建议。通过这种沟通与协调使所设计的指标体系达到平衡，从而全面反映和代表企业的战略目标。

③加强企业考核指标的内部沟通

利用各种不同的沟通渠道，如定期或不定期的刊物、公告栏、会议等，让各层管理人员了解和掌握企业的愿景、战略、目标与绩效衡量指标。

④确定每年、每季、每月绩效衡量指标的具体数据，并与企业的计划和预算相结合，注意各类指标间的因果关系、驱动关系与连接关系。

⑤绩效指标体系的完善与提高

首先对于平衡计分卡，在该阶段应重点考察指标体系设计得是否科学，是否能真正反映本企业的实际。其次关注的是采用平衡计分卡后，要发现绩效评价中的不全面之处，以便补充新的测评指标，从而使平衡计分卡不断完善。最后要关注的是已设计的指标中的不合理之处，要坚决取消或改进，只有经过这种反复认真的改进才能使平衡计分卡更好地为企业战略目标服务。

4．360 度反馈考核法

360 度反馈考核法也可以称为全方位考核法、多源考核法，它区别于自上而下，由上级领导直接考核员工的方式，而是除了上级领导之外，与员工工作发生接口相关联的同事、下属、客户、合作伙伴等都可以作为评价者。这是一种全方位、多维度、从不同层面的人员都能获取考核信息的方式。

这种考核方式强调的是不单一通过员工上级进行考核，而要从与员工发生工作关系的各个方面的主体获得被考核员工的情况，综合进行考核评价。

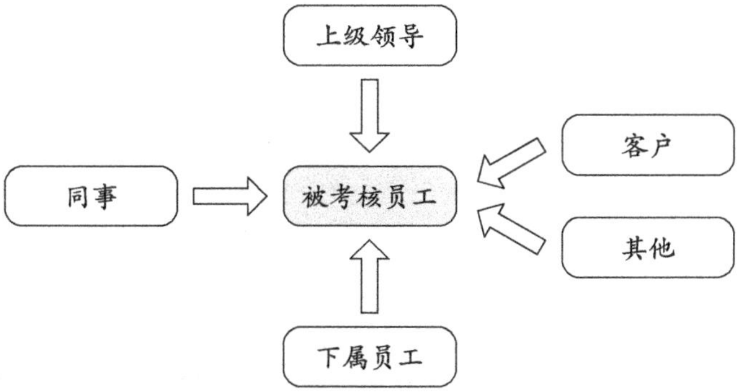

图 2-8　360 度反馈考核法示意图

360 度反馈考核法主要实施流程：

①确定考核范围：要明确被考核员工，同时需要与被考核员工进行充分沟通，明确这种考核模式的价值和意义，确保员工对考核标准已经达成共识，避免考评结果受到考评成员个人主观因素的影响。

②确定 360 度反馈考核方式：除员工自评外，360 度反馈评价还要分别由上级领导、同事、下属员工及客户等按各个维度进行评估，要注意考核方法的有效性。对于同事、下属员工，以及客户等的评估最好采用匿名评价形式并对评估者填写的评估报告进行保密，这样评估者在匿名情况下才会作出更真实的评价。当然，考核权要有所侧重，重点要体现直接上级的评价。

③实施 360 度反馈考核：按照多维度考核视角，收集考核结果并进行初步分析，发现明显不公平的考核要与考核者进行有效沟通，必要时需要落实相关证据。

④统计评估结果：对不同维度的评价结果进行汇总。

⑤考核结果反馈：向被考核员工提供反馈是一个非常重要的环节。通过来自各方的反馈（包括上级领导、同事、下属员工、客户等）可以让被考核员工更加全面地了解自己的优缺点，以及自己目前的工作与上级和相关联同事等存在的差距。

360 度反馈评价中各个评价来源优缺点比较如下表所示：

表 2-6　360 度反馈评价不同考评维度优缺点分析

考评维度	优　点	缺　点
自评	增强绩效考核参与意识、对照考核标准使员工对自己的工作有清醒的认识	过高评价自己，有时候很难做到“知人者智，自知者明”
直接上级	对下属的工作比较熟悉，有利于绩效考核的沟通	有时候会有考核偏见导致过高或过低的评分；考核发生晕轮效应或者光环效应；上级考核如果和被考核者薪酬调整挂钩会导致上级考核有心理压力
同级	旁观者清，对被考核人员有独立判断	私人关系远近会导致考核偏见；由于利益关系会导致互相贬低对方的问题
外部专家	专业性强，和被考核者没有任何利益关系，容易做到相对客观和公正	考核成本高；如果考核时间特别仓促会导致考核产生偏差

续表

考评维度	优　点	缺　点
直接下级	对被考核者更知根知底	如果被考核者工作上得罪下级，容易被下级给予不公正评价
外部客户	从独立第三方进行侧面评价，相对容易做到客观公正	如果对被考核者了解不多或者对被考核者有偏见则会导致考核“只见树木不见森林”，客户的评价准则不同导致被考核者的考核成绩差异比较大

360 度反馈考核法的优缺点分析：

①主要优点：

- 更多和更有效的信息评价渠道；
- 兼听则明，评价信息互相验证；
- 排除团队消极分子的有效手段；
- 多维度引导促进员工全面发展。

②主要缺点：

- 数据收集和处理成本非常高；
- 对于一些数据很难辨别真伪，需要大量精力去研究；
- 考核过程可能导致企业内的气氛紧张；
- 可能导致团队内部钩心斗角，互相猜测和不信任。

5．目标与关键成果法

谈到绩效管理工具，不得不谈到业界最热门的 OKR（Objectives and Key Results），即“目标与关键成果法”。

目标与关键成果法（OKR）是一套明确和跟踪目标及其完成情况的管理方法，由英特尔创始人安迪·葛洛夫发明并由约翰·道尔引入谷歌使用，1999 年 OKR 在谷歌的推广效果非常好，后来在 Facebook（脸书）、LinkedIn（领英）等知名企业广泛推广和使用。2014 年前后，OKR 传入中国之后在很多互联网企业，如华为、百度、字节跳动等企业使用和推广。

从严格意义上讲，目标与关键成果法（OKR）是一种目标管理工具，这个工具融合目标管理、员工激励、沟通和研发产品创新的新理念，目标与关键成果法的核心在于以创新拥抱变革，以透明和不断试错的方式确保组织业绩目标的快速迭代，目标与关键成果法的本质是一套管理理念。

OKR 中的“O”是目标：这个目标应是有野心的、富有挑战并且是非常不容易实现的，蹦一蹦不见得够得着，OKR 鼓励员工作出卓越的贡献，而不是达到某个容易考量的业绩目标就是令人满意的；一般来说，如果 10 分为总分的评分，实施结果达到 6—7 分就是非常好的了，靠更高的挑战目标驱动，这样员工才会不断为实现更大的目标而奋斗。

OKR 的“KR”是关键结果：就是为了完成这个目标我们必须做什么，要达到什么样的结果。

关于 OKR 和 KPI 的区别如下：

表 2-7　OKR 和 KPI 的区别

区别要点	OKR	KPI
强调要点	适应互联网时代外部环境变化	传统环境
实施流程	从下至上	自上而下层层分解
侧重点	沟通工具，团队中的每个人都要写 OKR 内部共享	考核的导向和抓手
管理导向	努力的方向和目标	更现实的业绩目标
目标设定	目标要是有野心的	更现实一些，努力可实现
考核导向	我要做的事	要我做的事
绩效过程	群策群力，重视员工主观创造性	不同岗位对创造性要求不同
强调要点	过程	结果
员工素质要求	能力素质要求非常高	普通型
与激励挂钩	短期无关，主要是长期激励	短期激励 + 长期激励
适合企业	创新性	传统企业

很多国内企业在试点 OKR，但是由于没有搞清楚 OKR 和 KPI 的区别，导致企业推进 OKR 自下而上设定目标的愿望是美好的，然而“理想很丰满，现实很骨感”，尤其是在目标设定上，有些企业让员工自己提出目标，结果是目标与实际脱节。OKR 让员工参与的思想是好的，企业在发展战略制定、考核目标分解等环节让员工充分参与进来，鼓励民主参与，则后续的考核推动起来才更容易。

需要特别强调的是，国内外 OKR 的成功案例绝大多数来自互联网相关的、创新型的、快速扩张的企业，很多传统企业崇拜 OKR，但最终只是邯郸学步。企业在实施 OKR 的过程中要鼓励创新，容忍探索和失败（“失败了照样获得奖励”这个理念，很多企业估计很难接受），特别是在高创意的知识型工作领域，需要团队合作比较紧密的并且无法用 KPI 来衡量的岗位，可以尝试 OKR。

OKR 在实施过程中，一般是以季度为周期的（主要包括确定、内部公示、执行、评估和复盘 5 个步骤），要求关键性结果明确，即每个目标设置 3—4 个具体“KR”以抓住关键点。另外，企业乃至部门和员工的 OKR 都是公开透明的，避免出现大的偏差，目标必须有野心、富有挑战性（随随便便就能成功的目标不是 OKR）。此外，OKR 与长期激励挂钩，OKR 的分数可以作为一个专项积分制度进行奖励，而不是跟短期激励直接挂钩。所以从这个意义上来讲，很多传统企业照猫画虎实施 OKR，最终绕来绕去还是会回归 KPI。

6. 其他考核法

（1）序列比较法

序列比较法是按员工工作成绩的好坏进行排序考核的一种方法。在正式考核之前首先要确定考核模块，但是不确定要达到的工作标准。其次将相同职务的所有员工在同一考核模块中进行比较，根据他们的工作状况排列顺序，工作较好的排名在前，工作较差的排名在后。最后将每位员工几个模块的排序数字相加就是该员工的最终考核结果。总数越小的员工，绩效考核成绩越好。

序列比较法的优点在于：简便易行、花费时间少，避免了趋中倾向导致的误差。

（2）相对比较法

相对比较法就是首先将所有要进行评价的员工列在一起，对员工进行两两比较，任何两名员工都要进行一次比较。其次将两名员工比较之后，相对较好的员工可得 1 分，相对较差的员工得 0 分。最后所有员工相互比较之后，将每名员工的得分汇总，总分越高的员工，绩效考核成绩越好。

相对比较法使得排序型的工作绩效评价法变得更为有效。

基本做法是：将每一位员工按照所有的评价要素与所有员工进行比较，要标明所有需要被评价的员工姓名及需要评价的所有工作要素，将所有员工依据某一类要素进行配对比较，然后用加和减也就是好和差标明谁好一些，谁差一些，最后将每一位员工得到的好的次数相加。

（3）等级评定法

等级评定法是最容易操作和普遍应用的一种绩效评估方法。这种评估方法的操作形式是给出不同等级的定义和描述，然后针对每一个评价要素或绩效指标按照给定的等级进行评估，最后再给出总的评价。

①通常等级评定法可以有以下几种形式：

- 五等级法：优秀、良好、中等、及格、不及格；
- 四等级法：高级、A 级、B 级、C 级；
- 三等级法：高级、中级、初级；
- 二等级法：合格、不合格。

②采用等级评定法时应注意：

- 等级评定法应在多次观察的基础上进行；
- 整体评定和分析评定结合起来使用；
- 最好在两个或两个以上条件相当的评定者之间进行评分；
- 要防止评分过高或过低，或都给予平均分的倾向。

为了使等级评定法更好地发挥效果，可以在对评估者作出等级评定时，请他们对评定的结果做一个简单的评语，用一些事实来说明被评估者的绩效水平。

7. 各种考核方法对比

通过综合对比分析，各种考核模式利弊分析对比如表 2-8 所示：

表 2-8　不同考核方法优缺点分析

考核模式	优　点	缺　点	备　注
目标管理法	目标简单	缺乏过程跟踪，目标过程容易失控	适合销售等业绩目标单一、容易量化的考核
KPI 考核法	指标量化细致	量化指标评价需要提供大量数据支持	适合容易量化、容易收集数据的考核

续表

考核模式	优　点	缺　点	备　注
平衡计分卡	多维度考核、长期利益和短期利益、内部和外部客户相平衡	将企业战略转化为四个维度，实施难度大，成本高，部分指标量化的难度大	从财务、客户、内部经营管理、学习和成长四个维度考核，适合部门经理级别以上人员
360 度反馈考核法	多角度考核，兼听则明	工作量大，数据分析量大，可能成为某些员工发泄私愤的途径	从员工的上司、直接下属、同事甚至客户等全方位的各个角度来了解个人的绩效
序列比较法	简便易行、花费时间少，避免了趋中倾向导致的误差	工作标准没有确定，使得考核失去公平的基础	适合小企业简单的考核
相对比较法	操作方法相对比较简单	相对比较的基础和评判法则不容易确定	适合小企业简单的考核
等级评定法	简便易操作	缺乏深入考核指标引导，容易做表面工作，且容易出现大量的绩效评定为优秀的员工	对等级评价标准表述得比较抽象和模糊，容易产生歧义，有时候容易导致不同的人在评估时标准不统一
OKR	目标是要有野心的并且富有挑战，适合“牛人”团队鼓励奋斗者	OKR 是一种目标管理工具，但“理想很丰满，现实很骨感”	适合互联网相关创新型企业

任何考核方法都有局限性，在企业实际考核方法选择上，要紧密结合企业管理实际和期望进行选择。

小贴士

考核方式不是固定不变的，不能为了考核而考核，考核模式必须针对不同类型人员进行选择，尽可能保持一致，但是对特殊岗位员工的考核不能采用“一刀切”的方式。

六、绩效考核结果的有效应用

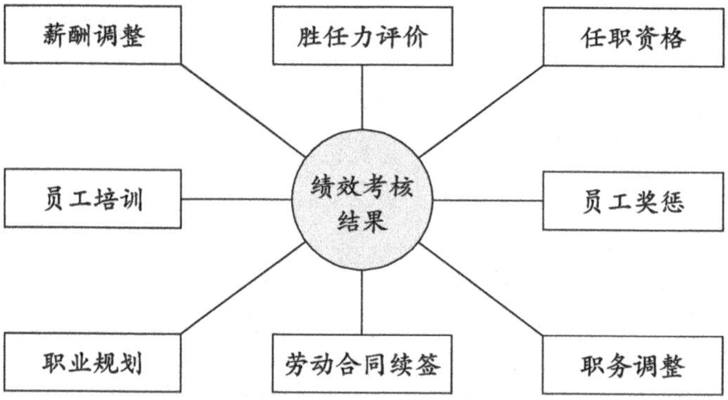

图 2-9　绩效考核结果应用示意图

绩效考核结果和员工薪酬职级、任职资格、胜任力评价、奖惩、培训，以及职业生涯规划都有着紧密的关系。

关于绩效考核结果使用如表 2-9 所示：

表 2-9　绩效考核结果应用类别

绩效关联环节	绩效优秀员工	绩效较差员工
薪酬调整	根据绩效考核制度设计规定“季度考核成绩与绩效上调关系”	根据绩效考核制度设计规定“季度考核成绩与绩效下调关系”
员工培训	学习培训机会相对会多	学习培训机会相对会少
员工奖惩	奖励，鼓励为先	优化的对象
职务调整	晋升机会多	晋升机会少
劳动合同续签	企业愿意续签，挽留	企业不愿意续签，到期自动终止
任职资格	企业要求得相对要松	任职资格管理要严格
胜任力评价	胜任者向更高级的任职资格发展	不胜任者向下调整
职业生涯规划	给予更大的发展舞台	在企业发展空间有限

绩效考核是人力资源管理重要的工具和方法，它对于企业管理的重要作用得到了广大企业管理者的普遍认可。

1. 绩效考核与绩效工资

企业除基本工资外，一般都有绩效工资（也称为业绩工资）。绩效工资是直接与员工个人业绩相挂钩的。这是绩效考核结果的一种普遍用途。它是为了增强薪酬的激励效果，将员工的薪酬部分与绩效挂钩，薪资的调整也往往由绩效成果来决定。

【范例】员工考核结果与绩效工资关系

表 2-10　员工考核结果与绩效工资关系表

级别	类别	分数范围	典型特征	考核级别对应处理	配套绩效处理手段
S	卓越	101 以上	卓越贡献	绩效工资上浮 （X-100）% （X 为实际得分）	封顶上浮 30%
A	良好	90—100 分	突出贡献	绩效工资 100% 发放	员工转正（或续签）走快速审批流程
B	合格	80—89 分	正常	绩效工资 100% 发放	员工转正（或续签）走“评审会”
C	需改进	60—79 分	工作有不足之处	降低员工绩效工资	绩效工资 = 员工绩效工资 × 季度考核评分 /100 × 100%
D	不可接受	59 分以下	无法接受	无绩效工资	不能胜任岗位工作要求，不得转正或续签

【提示】上述规则可纳入《绩效考核管理制度》中。

2. 绩效考核与薪酬调整

员工年度考核要与规范的薪酬职级调整相挂钩，从而可以让员工看清奋斗的方向，这也是薪酬激励的根本要求。

例如，企业可在《绩效考核管理制度》中明确规定：

- 年度连续 3 个季度评价为 S 级，或者连续 4 个季度评价为 A 级，次年上调薪酬 3 级；
- 年度连续 2 个季度评价为 S 级，或者连续 3 个季度评价为 A 级，次年上调薪酬 2 级；
- 年度连续 2 个季度评价为 A 级，次年上调薪酬 1 级；
- 年度连续 4 个季度评价为 C 级，或者连续 3 个季度评价为 D 级，次年下调薪酬 3 级；
- 年度连续 3 个季度评价为 C 级，或者连续 2 个季度评价为 D 级，次年下调薪酬 2 级；
- 年度连续 2 个季度评价为 C 级，或者某个季度评价为 D 级，次年下调薪酬 1 级；
- 年度考核结果评价为 D 级的，次年薪酬直接下调 4 级。

【提示】上述规则可纳入《绩效考核管理制度》中，并且须经正规制度发布流程确保制度有效性。

3. 绩效考核与职务调整

绩效考核结果可以为职务变动提供一定的参照，若员工在某方面的绩效成果突出，就可以通过晋升让他在某一方面承担更多的责任；若员工在某方面的绩效不够好，可能是因为员工本身能力不足，不能胜任工作或者目前担任的职务不适合他，可以通过职务调整，使其从事更适合的工作；若是员工本身态度不端正，经过提醒和警告仍无济于事，则需考虑将其解雇。同时，绩效考核可以作为企业成员提高竞争意识与危机感的手段。

4. 绩效考核与劳动关系

年度考核结果与劳动关系，如劳动合同续签关系：

- 年度评价为 D 级以下不续签；
- 连续 3 年年度评价为 A 级：企业优先考虑和员工续签无固定期限合同；
- 连续 2 年年度评价为 S 级：企业优先考虑和员工续签无固定期限合同。

5. 绩效考核与员工培训

绩效考核结果可以作为培训开发有效性的判断依据。员工绩效不佳的原因往往在于知识、技能或能力方面出现了“瓶颈”。企业可以通过绩效考核结果及时认识到这种需求，组织员工参加培训或者接受再教育。盲目开展培训对员工能力的提高没有什么效率，对于企业的发展也没有什么好处，而绩效考核结果可以有效地克服盲目培训。

6. 绩效考核与任职资格

绩效考核结果和员工任职资格的认证相互关联，如对高级工程师的资格认证，如果高级工程师对于年度任务无法完成，无法体现个人的真正能力和水平，次年可以下调任职资格，降为普通工程师，享受普通工程师的资格待遇。

七、绩效考核常见热点问题分析

1. 考核成绩强制分布法利与弊

强制分布法的来源和价值在于，实施绩效考核的企业都把绩效考核结果当作调整薪酬和晋升决策的依据，所以绩效考核结果的合理分布就显得比较重要。强制分布法的核心思想，就是通过对考核结果进行修正和调整，从而使考核结果满足预先设定的等级分布。

很多企业都希望绩效考核结果合理适当地拉开距离，现实中绩效考核分布的结果却往往令人失望，要不就是密集分布在高位区，要不就是集中在中间地带，即形成考核中常见的“趋中效应”。于是，强制分布法就成为很多企业为实现绩效考核结果合理分布的常用办法。

强制分布法对于某些考核者来讲是一个不太容易被接受的方法，主要原因在于被考核者的正常评价和考核结果要按照比例进行修正，而不是其最初的考核结果。在他们看来，经过强制分布后的考核结果和数据是失真的。

【典型案例】

某公司又到了年终绩效考核的时候，从主管人员到普通员工每个人都忐忑不安，公司采用考核成绩强制分布法，每到年底要根据员工的表现，将每个部门的员工划分为A（优秀）、B（良好）、C（一般）、D（较差）、E（特别差）五个等级，要求各个考核级别的人数分别占总人数的10%、20%、40%、20%、10%。

该公司考核规定：如果员工有一次被排在最后一级，那么工资降一级；如果有两次排在最后一级，则需要下岗进行培训；培训后根据考核的结果再决定是否上岗，如果上岗后再次被排在最后10%，则被强制淘汰。此外，下岗培训期间，员工只能领取基本生活费。

公司各级经理和员工对这种绩效考核方法都很有意见，其中有些职能部门如财务部门每年都为此煞费苦心。该部门是职能部门，大家工作中有明确的绩效评价标准，从一定意义上来讲都没有什么错误，工作都完成得很好，把谁评为E档都不合适。去年小孙因家里有事请了几天假，还有几次迟到了，但是也没耽误工作。财务部经理实在没办法只好把小孙报上去，小孙为了财务部的强制离散指标成了考核的“牺牲品”。

【案例分析】

对于财务部门，要求部门经理对员工按照等级进行分类是比较困难的事情，尤其是当他知道处于等级较低者将可能由此降低薪酬或者被降级甚至被淘汰时。对于掌管较少的部门而言，实施强制分布法尤为困难，也不合理。

需要特别注意的是，财务部门的绩效考评方案相比其他部门要求则更高，作为财务部门经理必须做好任职资格和岗位说明书，在实践中要紧密结合岗位职责的要求进行考核，日常工作中财务部经理要注意积累考核证据，考核结果要和绩效工资挂钩，这样会让被考核者心服口服。

总之，失真的考核结果无论对于企业还是被考核者都是不客观的，被考核者无法接受，企业最终也要为这种考核结果造成的后果埋单。

2. 和下属谈考核指标的沟通艺术

企业各级领导（经理）和下属谈考核指标，必须做好以下几点：

（1）必须充分沟通绩效考核的目的

各级经理和员工必须对企业绩效考核目的达成一致认识，绩效考核目的不是为了“整人”“斗争”，而是为了提升企业管理水平，改进绩效，体现企业公正评价员工……这些核心理念的灌输必须做到位。

（2）要明确绩效考核指标相对公平性

考核指标没有绝对的公平，只有相对的公平。为此部门经理在下发和沟通考核指标时要充分考虑岗位考核的相对公平性，考核标准不能太离谱。

（3）为考核指标下发提供参考依据

考核指标的制定不能拍脑袋，考核指标下发必须有充分的依据，否则即使强行实施，最终考核结果也会流于形式，最终受害的是企业。

例如，销售任务指标的下发：

- 精神鼓励法：要和各级员工共同描绘公司的美好发展前景，特别是企业实现经营目标和每个人利益的关系，从而让员工有顾全大局的意识，而不是只照顾好自己的“一亩三分地”，只顾及自己的小目标。
- 数据分析法：销售任务下发必须经过周密有效的市场调查数据作为支撑。必须根据历年数据分析和通过对竞争对手市场分析来综合确定。这种基础的历史数据分析是最简单、最实用的方法，计算分析指标使员工更信服，更容易消除疑虑，为员工指明奋斗方向。
- 数据对比法：和其他人员的考核指标对比，或和员工前期的指标对比，为员工找出差距和问题，使员工比较容易接受考核指标。
- 激将法：对于挑战性比较高的任务必要时采用激将法，以此来激励员工的进取心。

……

（4）要给下属充分的思考时间

让下属充分考虑考核指标实现的可能性和挑战性，及时和下属沟通任务完成的可能性以及完成任务的相关激励政策。

当然，绩效指标面谈过程中可能会遇到一些棘手的问题：

【问题 1】员工拒绝当场签名时该怎么处理？

当员工拒绝当场签名时，就表明他对下发的绩效考核指标（任务书）不认同、有疑义，碰到这种情况不要和员工发脾气，更不能逼迫员工去签名，因为即使员工签了名对于企业也毫无价值。各级经理应该慢慢去说服员工做好思想工作，帮员工分析指导考核指标完成的主要问题出在哪儿，如果他一时不能理解，就需要反复耐心沟通，直到员工愿意签考核任务书。

【问题2】与员工发生争议该怎么办？

在下发考核任务书的过程中，如果各级经理无法提供有效的数据作为依据，特别是考核指标超过员工承受压力范围，那么和员工产生争议是必然的。

为什么会出现争议？作为各级管理者应该深思：其实争议主要根源就在于考核任务和指标缺乏说服力、缺乏依据，考核指标没有明确的目标和清晰的衡量标准。为了避免这种情况的出现，各级经理有必要花足够的时间和精力，做好考核指标下发的各项准备工作，确保绩效考核有理有据，让员工感受到公平公正。

绩效沟通和面谈是一门艺术性和技术性都比较强的工作，没有固定模式可以遵循，需要个人认真结合经验不断思考，持续改进，从而达到目的。

3. 定性指标使用过程有何良策

定性指标量化（离散化）看起来很容易，事实上真正评价时并不容易操作，如对一个人工作积极性的评价，有些人表面上看起来不积极是因为本身属于那种沉稳的性格。积极不积极的标准要看业绩，业绩做好了自然能反映这个人的积极态度。

俗话说“江山易改，本性难移”，有些定性指标看起来科学，实际上对一个人的评价并不公正，所以选择定性指标要慎重，要有针对性，并且要容易测量和区分。

定性指标考核事实上可采用两种方式来体现：

（1）定性指标在年度绩效考核任务书中的总权重。除非管理团队素质提升对于企业管理团队建设特别重要，为了保证考核的客观公正性，建立面向业务目标的考核导向，正常情况下，素质评价总权重建议不要超过10%（极限不要超过20%），只作为职业素质的牵引目标和行为文化的改进指南。

（2）定性评价单独评价，不纳入具体考核。一个人的综合素质是多年积累的结果，素质改善不是通过考核一蹴而就的。

业界比较好的做法是，可以将素质评价的影响置于管理岗位人员的定期评价（年度为宜，和管理干部盘点挂钩）中，定性评价作为独立的素质评价直接和职务任免挂钩，道德是一个员工综合素质的体现，企业可按照“有德有才破格重用，有德无才培养使用，有才无德限制录用，无德无才坚决不用”或者“有德有才是精品，有德无才是次品，有才无德是危险品”的总体思路来使用和管理人才。

4. 通过年度考核做好人才盘点

人力资源管理比较重要的一项工作是人才盘点，为人才合理使用、薪酬调整及职位调整提供客观依据。

关于年度考核结果和人才盘点关系如表 2-11 所示：

表 2-11　年度考核与人才盘点关系

素质高	A 类	B 类	C 类
素质一般	D 类	E 类	F 类
素质低	G 类	H 类	I 类
	业绩差	**业绩一般**	**业绩好**

根据“有德有才破格重用，有德无才培养使用，有才无德限制录用，无德无才坚决不用”的指导原则，对于不同考核结果采取的措施如下：

表 2-12　不同考核结果对应的年度盘点措施

类别	典型特征	年度盘点
A/I 类	素质高、业绩差或者素质低、业绩好	设置更加严格的绩效考核指标继续考核；换岗给予新的发展机会
B/F 类	素质高但是业绩一般，或者素质一般但业绩好的员工	表现“优良”，具有加薪和晋升的条件，后续重点培养使用。管理要用人所长，倾向素质高的可以当管理者，倾向业绩好的可以当业务负责人

续表

类别	典型特征	年度盘点
C 类	素质高、业绩好，表现突出的员工	薪酬上调，破格使用（优先考虑各种发展机会和奖励）
D/H 类	素质一般、业绩差或者业绩一般、素质低的员工	暂停一切加薪和晋升机会，设置“观察期”针对素质提升（或业绩改善）提出明确的要求。素质低的人员要限制使用，必要时直接优化
E 类	素质一般、业绩一般的员工	不考虑加薪，更不要考虑职位晋升，提出明确的限期绩效改进要求
G 类	业绩差、素质差的员工	建议直接淘汰和优化

八、绩效考核制度的设计与实施

绩效管理制度一般可以分为简约型和完整型两种：

- 简约型绩效考核制度一般只包括考核的介绍、实施流程及作用等内容。
- 完整型绩效考核制度除上述外，还包括考核指标、标准等内容。一般来讲，一套基本的绩效考核文件应该包括考核制度、考核量表、相关表格三方面内容，有些考核文件还要包括绩效考核流程图、绩效改进单等。

无论简约型还是完整型，就考核制度而言，常见内容主要包括管理目的、考核流程、考核实施步骤、考核相关规定，以及考核结果应用等方面。

在具体编写时，还应该注意以下几个方面的问题：

1. 让所有关系人参与

确定制度设计的“民主集中制”原则。如果这个制度是针对整个企业的，要尽量使企业的全体员工都参与到制度的制定中来。如果只针对某个工作流程的制度，则需要请相关的员工参与进来。一般的做法是，由起草人在进行认真调查之后，起草制定草案，然后将该草案公之于众，让大家进行讨论和修改，由起草人收集意见并进行修改。对于重点当事人，起草人要个别征求他们的意见，并认真进行记录和总结。

需要注意的一点是，在收集各方面管理意见中要借鉴性、批判性地去判断，不能人云亦云。从利益角度分析，趋利避害是人的本能，考核亦如此。

这种做法的好处是充分尊重大家的意见，如果意见有道理就采纳，没有道理的就要说服他们，让员工参与到制度的制定中来可以减少其逆反心理。此外，这种通过民主决议进行制度设计的方式，制度的发布也是合理合法的，这会为制度的推行和实施减少阻力。

2. 制度内容要简明扼要

制度是需要执行的，所以内容要简明扼要；制度是针对所有员工的，所以制度本身的语言描述要尽可能简明、扼要、易懂，并且不能产生歧义。对于每位员工都认识和理解的常识问题，则不必在制度中面面俱到。

3. 切实提升制度的可操作性

制度必须具有可操作性，否则就失去制度的管理价值。要想制度易于操作，最好在制度中明确一般的操作方法。另外，要写明制度的原则，这样便于对特殊情况进行处理，同时最好在制度中写明解释权归属的部门。

4. 为制度持续改进预留空间

在制定新制度时很难做到十分完善，随着企业的发展和管理的提升还要进行不断的修改和充实。在制度执行的过程中，可能会因为制度本身的不完善和不合理而出现一些问题，但这些不应该影响制度的公正执行。

5. 制度实施后需要注意的事项

新制度的执行过程是一个改变员工工作习惯的过程。管理者应该很清楚地认识到该制度的执行会带来哪些工作习惯的改变，这种改变员工是否可以接受、接受的程度是多少。根据具体情况，管理者必须采取一些辅助措施来加强对员工工作习惯的改造，如在新制度执行时，进行制度培训或进行频繁的抽查和监督等。

【范例】某公司绩效考核管理制度

1. 管理目的

为不断提升公司经营管理效益，不断提高公司管理水平，将绩效考核作为绩效提升的有效手段，建立“按照贡献结果分享价值”的价值分享机制，同时为员工职务、岗位调整和薪酬待遇调整提供科学依据，特制定本项管理制度。

2. 适用范围

本制度适用于公司各部门全体正式员工的日常考核。

公司实习生、顾问、劳务人员等的考核按照相关制度规定执行。

3. 考核原则

（1）公开性原则：公司绩效考核各项指标、考核权重和考核流程全部透明公开；

（2）客观性原则：各项考核以事实和业绩为依据，坚决避免“对人不对事”的评价，为了保证以事实为依据，每个员工定性评价指标权重不得超过20%；

（3）考核激励原则：员工考核结果和薪酬调整、职务调整等挂钩，此外也和试用期转正、劳动合同续签等挂钩。

4. 绩效考核管理分工

（1）董事会绩效考核委员会（上市公司）主要负责：

•研究和审查董事及总经理的考核；

•对公司绩效考核管理制度进行审议。

（2）公司绩效考核小组：由公司副总经理、人力资源总监以及财务总监、各中心负责人以及外聘专家组成。绩效考核小组主要负责：

•相关部门和部门领导的定期考核；

•部门考核成绩申诉的处理。

（3）人力资源部：在公司绩效考核领导小组的指导下，负责：

•公司绩效考核管理制度的制定；

•绩效考核管理制度培训；

•绩效考核组织实施（普通员工考核）；

•绩效考核结果应用落地；

•日常绩效考核的管理和组织工作。

5. 绩效考核周期

公司高管一律采用年度考核方式；

生产和职能人员采用月度考核模式；

其他人员采用季度考核的方式。

6. 绩效考核流程

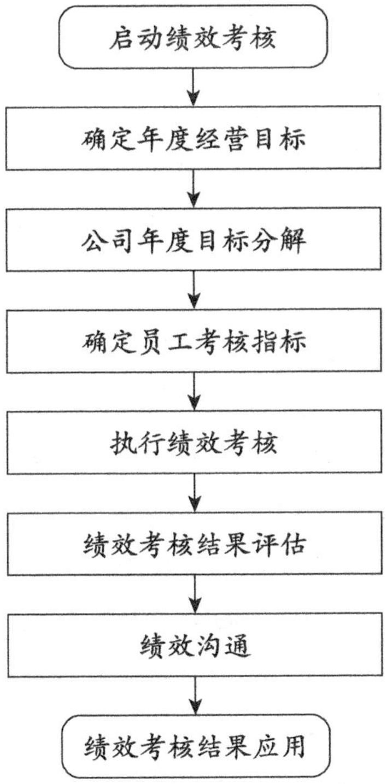

图 2-10　绩效考核流程

关于考核流程详细说明如下：

（1）启动绩效考核：每年 12 月启动下年度的全年考核；

（2）年度经营目标：公司管理层组织各部门经理研讨下年度经营目标；

（3）年度经营目标分解：公司确定的经营目标分解到各个部门；

（4）确定员工考核指标：部门指标分解到具体员工；

（5）执行绩效考核：按照绩效考核管理制度正式执行考核；

（6）绩效考核结果评估：考核期结束，人力资源部组织绩效考核管理小组对各个部门的绩效进行评估；

（7）绩效沟通：绩效考核成绩确定后，人力资源部与各个部门负责人进行绩效沟通，如果各部门或员工有异议可以限期申诉，由人力资源部解决，并确定最终考核成绩；

（8）绩效考核结果应用：根据公司绩效考核制度，部门考核成绩与部门整体绩效挂钩，员工绩效考核成绩与员工季度绩效挂钩。

【特别说明】员工入职当月剩余天数不足50%、当月请假导致出勤率不足50%的员工不参加当月考核。

7. 绩效考核结果应用

（1）绩效考核与绩效工资关系

- S级（考核成绩100分以上）：绩效工资上浮（X−100）%（X为实际得分）；
- A级（90—100分）：绩效工资100%发放，员工转正（或续签）走快速审批流程；
- B级（80—89分）：绩效工资100%发放，员工转正（或续签）走“评审会”；
- C级（60—79分）：绩效工资下浮为考核分数乘以绩效工资；
- D级（59分以下）：扣除绩效工资，待岗培训或者直接优化。

（2）年度考核与薪酬调整关系

•年度连续3个季度评价为S级，或者连续4个季度评价为A级，次年上调薪酬3级；

•年度连续2个季度评价为S级，或者连续3个季度评价为A级，次年上调薪酬2级；

- 年度连续2个季度评价为A级，次年上调薪酬1级；
- 年度连续4个季度评价为C级，或者连续3个季度评价为D级，次年下调薪酬3级；
- 年度连续3个季度评价为C级，或者连续2个季度评价为D级，次年下调薪酬2级；

•年度连续2个季度评价为C级，或者某个季度评价为D级，次年下调薪酬1级；

•年度考核结果评价为D级的，次年薪酬直接下调4级。

（3）绩效考核与职务调整

对于管理干部，连续2个季度考核评价为C级的，职务必须调整。

（4）绩效考核与劳动合同续签

•年度评价为D级以下的劳动合同不续签；

•连续3年年度评价为A级：企业优先考虑和员工续签无固定期限合同；

•连续2年年度评价为S级：企业优先考虑和员工续签无固定期限合同。

（5）绩效考核与任职资格

•年度连续2个季度评价为C级，任职资格下调1级并重新认证；

•年度连续3个季度评价为C级，任职资格下调2级并重新认证。

8. 关于年终奖规定

（1）公司年终奖和公司年度效益、部门年度考核成绩挂钩，为了鼓励团队精神，部门年度考核80分以上（含），部门成员才有资格享受公司年终奖；

（2）公司绩效考核小组集体评审并确定各部门年终奖分配方案；

（3）各部门根据公司年终奖总奖金额，根据员工年度考核成绩、员工对部门年度贡献系数、岗位重要程度等要素层层分解到每个员工；

（4）员工年度考核成绩80分以上（含）才有资格享受年终奖；

（5）各部门员工最终年终奖分配方案要报人力资源部和财务部审核，并经总经理审批后执行。

9. 制度配套记录

年度绩效考核任务书

员工季度绩效考核表

绩效面谈表

绩效考核申诉表

10. 制度生效

本项管理制度自20××年××月××日生效，本项制度最终解释权归人力资源部所有。

小贴士

上述制度框架仅供参考，具体内容请根据实际情况完善，千万不要机械照搬。

第三章
薪酬管理体系总体设计

本章导读

- 企业薪酬管理范围和内容有哪些?
- 经济型报酬主要包括哪些内容?
- 企业薪酬和企业管理战略有什么关系?
- 企业薪酬体系设计遵循什么流程?
- 企业常见薪酬模式有哪些可供选择?
- 如何构建和使用薪酬职级表?
- 宽带薪酬究竟适合哪种类型企业?
- 员工加薪和降薪有什么管理手段?
- 企业薪酬成本如何进行有效控制?
- 企业福利管理应该遵循哪些原则?
- 企业薪酬福利制度应该如何设计?

薪酬管理对任何一个企业管理者而言都是比较棘手的管理难题，企业的薪酬管理一般要同时兼顾公平性、有效性和合法性三大目标，但是就薪酬管理而言，除政府法律法规限制外，事实上受到企业实际经营限制的因素也越来越多，如企业经济承受能力、企业不同时期薪酬战略、核心人才有效激励，以及针对行业竞争者薪酬策略等因素。

一、企业薪酬管理范围定义

在人力资源管理实践中，薪酬分为狭义薪酬和广义薪酬。我们平时所说的是狭义薪酬，是指员工获得的以金钱或实务形式支付的劳动回报，是一种经济型薪酬。

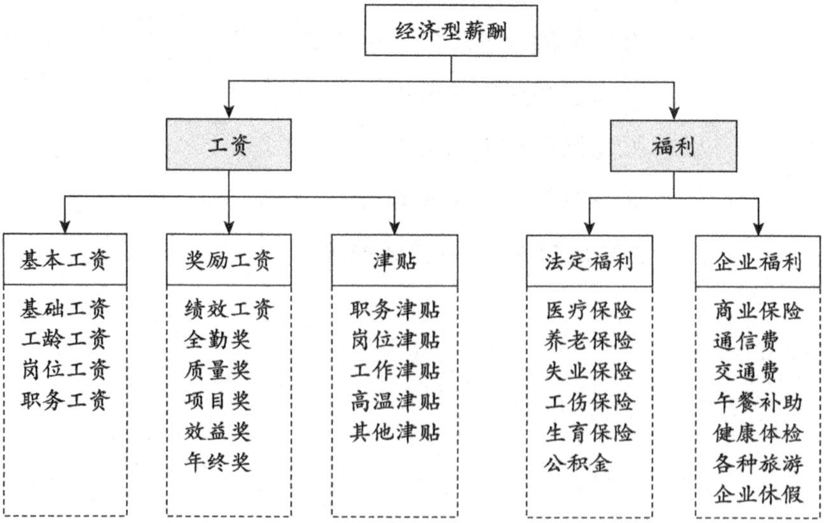

图 3-1 企业经济型薪酬构成示意图

本书涉及的薪酬管理主要限定于经济型薪酬中直接经济薪酬体系的管理。

薪酬常见主要管理内容如下：

- 薪酬战略管理：企业对于不同类型岗位实行什么战略，是领先型还是跟随型，是居后型还是差异型；
- 薪酬目标管理：薪酬目标如何在符合企业战略的同时满足员工管理需要；
- 薪酬水平管理：薪酬管理要同时满足内部岗位（职位）平衡以及外部竞争性要求，并根据员工绩效（贡献）进行动态调整，此外要明确企业稀缺人才的薪酬水平，确定一个与竞争对手相当的薪酬水平，同时要规范统一薪酬职级；
- 薪酬模式管理：薪酬模式包括岗位、绩效、技能（职能）、工龄，以及复合型能效模式等，企业根据经营需要具体选择；
- 薪酬结构管理：企业要规范薪酬结构（如基本工资和绩效工资比例）、项目奖、年度分红的管理办法；
- 薪酬制度管理：企业要制定规范的《薪酬福利管理制度》，并做好全员培训，此外还要建立薪酬职级表、薪酬预算、审计和控制体系的配套管理体系。

二、企业薪酬与战略的关系

由于企业经营战略要求不同，所以采取的薪酬策略也不同，如表 3–1 所示：

表 3–1　企业薪酬策略与经营战略的关系

薪酬策略	主要优点	主要缺点	适用范围
领先策略	企业人才竞争吸引力大，员工满意度高	企业人力成本高	快速爆发的发展阶段，市场领先策略
跟随策略	平衡企业发展和人力成本	必须加强薪酬调查的频率	在业界具有相对竞争力的企业

续表

薪酬策略	主要优点	主要缺点	适用范围
居后策略	企业运营成本低	人才极易流失	企业发展处于初级阶段，薪酬承受能力有限
差异化策略	符合2:8规则，关键骨干人员薪酬领先，普通员工薪酬跟随策略	市场战略不够清晰，人才薪酬策略调整要及时	适合中小企业，在业界某些领域具有一定竞争力

三、薪酬体系设计主要流程

一套科学有效的薪酬管理体系，要按照以下流程来实现：

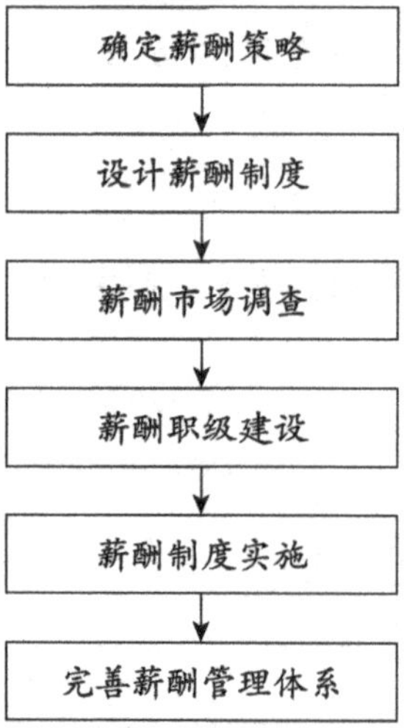

图 3-2　薪酬体系设计主要流程

1. 确定薪酬策略

薪酬策略是企业实施薪酬管理体系的总体指导思想。

企业的战略方向决定了其薪酬的策略，不同的发展战略决定了企业薪酬政策、薪酬水平、薪酬结构、薪酬制度等的不同。薪酬原则和策略的确定是薪酬设计后续环节的前提。在充分了解企业目前薪酬管理现状的基础上，确定薪酬分配的主要原则，以此为基础确定企业有关分配政策与策略，特别是要确定公司管理层、核心骨干人员中不同层次、不同系列人员收入差距的标准，薪酬的构成和各部分的比例等。

2. 设计薪酬制度

在确定薪酬管理思想顶层架构后，制定有效的薪酬管理制度就成为支撑顶层设计的基础性工作。

制度设计必须充分考虑以下原则：

- 战略匹配原则：薪酬制度的建立必须和企业经营战略以及人才战略相匹配，符合企业整体战略发展需要。
- 价值导向原则：主要考虑该职位对企业的贡献与价值及胜任职位所需要具备的条件、能力和职业素质要求。所有岗位都要在职位分析的基础上，经过岗位价值评估来确定岗位工资标准。
- 业绩导向原则：员工的绩效奖金将反映其个人绩效状况，员工的年终奖将由个人绩效和企业业绩双重因素决定，使员工分享企业业绩增长的成果，员工调薪将主要根据个人绩效和贡献进行。
- 有效激励原则：关键岗位的人员薪酬要有竞争性和激励性。
- 合法合理原则：薪酬制度实施要符合国家薪酬法律规定，如各地最低工资标准，同时符合企业的实际经营现状。

3. 薪酬市场调查

薪酬调查是薪酬设计中非常重要的环节，它解决的是薪酬的对外竞争力问题，薪酬调查是企业薪酬设计的基础。只有实事求是进行薪酬调查才能使薪酬职级和职能的设计做到有的放矢，才能解决企业薪酬激励的根本问题，最终实现薪酬的针对性和竞争力。

通常企业做薪酬调查需要考虑以下几个方面：

（1）企业薪酬现状内部调研：通过设计科学的调查问卷，从薪酬水平三个公平性（内部纵向公平、横向岗位公平及外部相对公平）角度了解企业薪酬管理的主要问题以及造成问题的根本原因；

（2）进行薪酬水平调查：调查是要收集同行竞争对手、企业所在地区的薪资数据状况、不同薪酬结构对比、不同职位和不同岗位的职位薪酬数据、同类企业奖金和福利状况、竞争对手中长期激励措施，以及未来薪酬趋势分析等信息；

（3）薪酬影响因素调查：综合考虑薪酬的外部影响因素，如国家宏观政策、通货膨胀率、物价指数、行业特点、行业竞争、不同岗位人才供求状况，同时要分析好企业内部影响因素，如企业盈利能力、总体支付能力、关键岗位人才稀缺度、关键岗位招聘难度，以及关键人才薪酬吸引力等。

4. 薪酬职级建设

在进行有效市场调查的基础上，建立一套科学有效的薪酬职级表是支撑薪酬体系实施的关键。

5. 薪酬制度实施

制度发布实施后，要配合有效的支撑体系（如薪酬职级表）进行制度的内部培训。

6. 完善薪酬管理体系

薪酬体系设计完成之后，在正式实施之前，应该与员工进行充分沟通，必要时还要进行培训，同时考虑薪酬方案是否符合企业的经济实力、价值取向等。

在薪酬体系实施的过程中，要根据企业外部环境等因素的变化及时对薪酬体系进行相应调整。

四、薪酬总体结构模式设计

薪酬模式的设计需要高度遵循企业总体发展战略，结合企业不同岗位综合提炼归纳的特征来落实。

企业常见薪酬模式包括基于岗位、基于职能、基于绩效、基于市场，以及基于能效等方式。

1. 基于岗位的薪酬体系

基于岗位薪酬模式主要是以岗位在企业内相对价值为基准对员工支付薪酬。岗位的相对价值高，其工资待遇也高，反之亦然。

在基于岗位薪酬模式下，员工工资的增长主要依靠职位的晋升。因此，这种薪酬模式导向的行为是严格遵从内部规范的职位晋升制度。

主要优点：

- 同岗同酬，内部公平性相对好；
- 职位晋升，职级也晋升，激发员工努力工作以争取晋升。

主要缺点：

- 如果一个员工长期得不到晋升会非常郁闷，即使岗位工作很出色，其收入也很难有较大的提高，这会影响到员工工作的积极性，甚至让其对职业发展前途感到迷茫；
- 岗位导向的薪酬制度更看重内部岗位价值的公平性，但是在从市场上选聘比较稀缺的人才时很难吸引急需人才。

2. 基于职能的薪酬体系

职业职能（技能或能力）导向的工资制的依据很明确，就是员工所具备的技能水平。

这种薪酬模式的主要假设是员工技能高贡献就大，其设计的目的在于促使员工提高工作技能水平。

主要优点：

- 高能高薪的导向让员工注重自身能力提升；
- 鼓励员工发展自己职业能力的深度和广度；
- 员工能力持续提升，企业竞争力不断提升。

主要缺点：

- 企业评价员工能力的尺度标准比较难（业界比较好的做法是任职资格评定，但是评定的综合成本很高）；
- 当员工达到企业要求的能力时必然要求涨薪，这样会造成企业薪酬成本很高，最终导致企业管理成本过高；

- 没有和绩效挂钩，员工能力强不代表绩效高；
- 员工做同样的岗位工作由于技能不同导致收入不同，容易使员工产生不公平感；
- 员工绩效不仅仅和技能相关，高技能的员工未必有高的产出；
- 对已达技能顶端的人才如何实现更好的激励是管理的难点。

3. 基于绩效的薪酬体系

按绩效付酬主要依据可以是企业的整体绩效、部门的整体绩效，也可以是团队或者个人的绩效。具体选择哪个绩效作为付酬的依据，要看岗位的性质。总体来说，要考虑多个绩效结果。绩效付酬导向的员工行为很直接，员工会围绕着绩效目标开展工作，为实现目标会竭尽所能、力求创新。"有效"是员工行为的准则，而不是岗位付酬制度下的保守和规范。实际上，绩效付酬降低了管理成本，提高了产出。

主要优点：

- 员工的收入和工作目标的完成情况直接挂钩，这会让员工感觉公平，激励效果明显。
- 员工的工作目标明确，通过层层目标分解，企业战略容易实现。而且，企业不用事先支付过高的人工成本，在整体绩效不好时能够节省人工成本。

主要缺点：

- 员工收入在考虑个人绩效时，会造成部门或者团队内部成员的不良竞争，为取得好的个人绩效，员工可能会减少合作。因此，在需要团队协作制胜时，不应过分强调个人绩效对收入的作用。
- 绩效评估往往很难做到客观准确。对大多数中国企业来说，绩效考核系统不是很完善，如果在这种情况下仍将收入和绩效挂钩，势必造成新的不公平，也就起不到绩效付酬的激励作用。高的绩效也许是环境条件造成的，和员工的努力本身关联不大，反之亦然。
- 绩效付酬假设金钱对员工的刺激作用大，长期使用会产生不良的导向。在企业经济增长缓慢时，员工拿不到较高的薪酬，对员工的激励力度就会下降。因此，在企业困难时，员工很难做到“共渡难关”，而可能会选择离职或消极工作。

4. 基于市场的薪酬体系

这种薪酬模式主要着眼于企业关键岗位待遇在人力资源市场中的吸引力与竞争力，强调的是按市场上各类人才的市场价格支付报酬。

这种模式下，企业要根据所在地区及行业人才市场调查结果绘制出薪酬职级表，同时结合不同类型岗位薪酬竞争策略作出适当调整，最终确定每个职级的上限、中位值与下限，从而确定每个岗位任职资格的薪酬变化范围。

供需关系是企业采用基于市场的薪酬模式中进行薪酬职级调整的要素，这种模式具有较强的市场竞争力和外部公平性，可以将企业内部薪酬同外部人才市场薪酬数据挂钩，防止企业关键人才因为薪酬待遇问题流失，导致企业竞争力下降。

主要优点：

- 企业可以通过基于市场的薪酬模式吸引和留住关键人才；
- 可以尽快招募到比较合适的关键人才。

主要缺点：

- 企业总体薪酬成本压力较大；
- 薪酬市场数据的客观性非常关键，市场调研成本高；
- 完全按市场付酬会造成企业内部薪酬差距大，新职员比老员工待遇高，时间久了会影响企业内部的公平性。

5. 基于能效的薪酬模式

这种模式是一种复合模式。在企业经营管理实践当中，很少有企业完全采用上述五种薪酬模式中的一种，大部分都是模式要素的组合。无论一个企业的薪酬模式多么复杂，其为员工付酬主要考虑的因素应该是比较明显的，要么按岗位，要么按技能，要么按绩效，要么按照市场要素考虑薪酬模式。

在一个企业中，针对不同的岗位类别，也可以采用不同的薪酬模式，如销售可以是以绩效为主的工资制、职能管理可以是以岗位为主的工资制等。

上述模式比较复杂，能否按照当前薪酬管理趋势提炼出一套有效且针对多数企业的薪酬模式呢？

从企业经营发展趋势来看，绩效付酬模式被广为采用，但是完全靠绩效付酬也是有局限性的。绩效和职能（任职资格）挂钩，之后从工资结构体现出绩效，相信这是一种非常好的薪酬模式。

本书综合分析岗位模式、职能模式、市场模式和绩效工资模式的优缺点，创新提出能效薪酬模式，即“能力＋绩效”，其中能力通过任职资格体现，绩效通过绩效考核实现。

能效薪酬模式建立的薪酬职级表需要市场调查来实现，这种方式综合了岗位、职能、市场、绩效的优势。

6. 薪酬体系模式的选择

综合对比上述几种常见薪酬模式，如表 3–2 所示：

表 3–2　企业薪酬常见管理模式

薪酬模式	适宜企业类型
基于岗位薪酬模式	基于岗位的薪酬模式适合中国的多数企业和多数类别的岗位，是目前普遍采用的一种薪酬制度。这种模式的企业中职位级别比较多，企业外部环境相对稳定，市场竞争压力不是很大。就岗位类别而言，基于岗位薪酬模式比较适合职能管理类岗位
基于职能薪酬模式	基于职能（技能）薪酬模式适合生产技术连续流程性比较好或者规模比较大的服务业，如化工、食品加工、保险、咨询、医院、电子及汽车等行业
基于绩效薪酬模式	处在激烈竞争环境中的企业适宜于实施绩效的薪酬模式，如 IT 行业等。就企业岗位而言，高层管理人员、销售类的岗位比较适合这种薪酬模式。当然，这些岗位是否适合按照绩效考核付酬还要看企业竞争策略等因素
基于市场薪酬模式	对于人才流动比较频繁、竞争性特别强的企业可考虑基于市场导向的薪酬模式。但对于企业中可替代性比较强的岗位不适用这种模式
基于能效薪酬模式	也是综合薪酬模式，本书创新提出的薪酬模式，综合岗位、职能（技能）、市场和绩效模式的优点，对于很多企业更加具有适应性。能力和任职资格挂钩，绩效和实际业绩挂钩

五、企业薪酬结构的设计

对于企业员工最常见的工资结构而言，有很多种方式可供选择（如表 3-3 所示），除中长期激励（如股权激励）外，短期的薪酬结构可选择如下方式的组合：

表 3-3　企业薪酬结构分类

薪酬分类	结构细分	备　注
保障薪酬	基本工资	可以根据学历来确定基本工资级别，通过学历工资引进企业期望的人才
	工龄工资	如果企业期望获得忠实的员工，就应提升工龄工资；如果希望员工的流动性较大，就应设立较低的工龄工资或者根本不设
	岗位工资	岗位工资体现了公司对不同岗位的倾斜，应该根据岗位对企业的影响力和贡献大小设立岗位工资
激励薪酬	绩效工资	把考核结果和薪酬挂钩，就产生了绩效薪酬。绩效薪酬取决于绩效考核导向，通过绩效考核体现企业的意图。与奖金相比，绩效薪酬可以更系统、更全面地体现企业的战略主张和意图
	业绩提成	提成一般指以员工业绩（如销售额）为基数乘以固定的百分比，所得数额即为奖励给员工的货币数额，这是旨在鼓励员工努力增加销售额。如果提成是以销售量而不是以销售额为基数，则意味着企业鼓励员工多促销，来提高企业产品的市场占有率
	计件（计时）工资	适用生产操作序列岗位，鼓励多劳多得，收入是计件（计时）的函数关系，计件工资与工作业绩密切挂钩，易于量化，对于生产操作岗位有较好的激励效果
	分红	年终分红是常见的短期激励方案，形象地说就是企业的中高层管理人员承包企业的利润，在规定时间内实现承包目标之后，按照预先约定分享获得利润
	股权激励	上市公司企业可以给予核心人员在一定时间内以特定价格购买一定股份的权利，并在将来按照规则兑现，这就是利用股票和期权对中高层管理人员进行长期激励的薪酬方案

续表

薪酬分类	结构细分	备　注
奖励薪酬	专项奖	奖金是企业为了奖励有突出贡献的人而设立的。为了鼓励员工技术创新，可以设创新奖；为了鼓励员工节约，可以设节约奖。奖金体现了企业的价值导向
	项目奖	为项目实施设立的奖励，和项目实施效果挂钩
	年终奖	针对年度表现优秀的员工设立的年度效益奖

上述薪酬结构，企业可根据实际情况选择使用。除年终奖、年度分红等方式外，常见的组合模式如下：

1. 普通员工：基本工资＋绩效工资（基本工资：绩效工资的比例要确定，常见员工基本工资和绩效工资的分配比例是50%：50%或者60%：40%，需要根据企业特点来确定）

2. 销售人员：基本工资＋绩效工资＋业绩提成

3. 项目经理：基本工资＋绩效工资＋项目奖

此外，针对很多公司高管可采用“基本工资＋绩效工资＋年度分红＋股权激励”模式，很多高管薪酬采用年薪制来实现。

小贴士

薪酬模式和薪酬结构的关系：薪酬模式确定的是横向总体薪酬水平，薪酬结构确定的是薪酬的内部分配比例和组成关系。

例如，基于能效的薪酬模式，这种模式可以确定每个岗位的总薪酬相对薪酬职级表的位置，但是薪酬模式要通过薪酬结构来体现，基本工资和绩效工资的分配比例就是具体的实现手段。

六、薪酬职级表的建设与应用

薪酬职级表是薪酬管理体系落地的核心支撑点。

对于新成立的企业，可以通过有效的岗位价值分析和评价法从零起步设计薪酬职级表。对于管理有一定基础的企业，可以通过任职资格的深入完善来建设薪酬职级表。

1. 薪酬职级表的设计原则

在设计薪酬职级表时，要考虑以下方面：

（1）外部公正性：企业需要根据行业的特点和自身的发展阶段，制定合适的薪酬策略，薪酬水平与外部市场相比要有一定的竞争力和吸引力。

特别是高新技术企业，市场上的薪酬水准是影响企业薪酬水准的重要因素，也是能否吸引和留住企业关键人才的首要因素。如果一个企业自身的工资水准低于市场水准，同时又没有与之配套的措施，如较好的福利、便利的工作条件、有吸引力的培训机会等，就很容易造成员工流失，直接或间接地影响企业的经济效益和发展目标。

（2）内部公正性：保证企业内部各部门、各职位之间具有较强的合理性，工资曲线能够相对完整并尽可能不出现拐点，在人员内部流动或转职时能平滑切换。

内部公正性一般需要通过以下三个方面的工作保证：

- 企业有明确的并被大多数员工认同的薪酬价值导向；
- 通过对各职位的关键要素进行评估，得出各职位对企业最终目标价值贡献的大小；
- 企业有完善的职位评估程序和方法，并通过培训和宣传让企业的员工，特别是管理层和关键人才认识到职位评估过程与结果的公正性。

（3）岗位公正性：对于相同的职位，绩效好的员工获得的报酬应该比绩效差的员工高。

2. 岗位价值与薪酬职级

岗位价值的有效分析是薪酬职级表建设的重要依据。通过岗位价值对比分析，可以有效确定每个岗位的薪酬职级，确保岗位薪酬体系的合理性。

（1）岗位分析

岗位分析的主要目的如下：

- 促使岗位名称与含义在整个企业中实现工作用语的标准化；
- 确定员工录用与上岗的最低条件；
- 为确定企业的人力资源需求、制订人力资源计划提供依据；
- 确定工作之间的相互关系，以实现合理的晋升、调动与指派；
- 为制定考核程序及方法提供依据；
- 为改进工作方法积累必要的资料，为企业的变革提供依据。

岗位分析通过岗位职责说明书来实现：

表 3-4　岗位职责说明书

<table>
<tr><td>岗位名称</td><td colspan="3"></td><td colspan="2">岗位类别</td><td colspan="3"></td></tr>
<tr><td>岗位设置目的</td><td colspan="8"></td></tr>
<tr><td>岗位汇报关系</td><td>直接上级</td><td colspan="3"></td><td colspan="2">直接下级</td><td colspan="2"></td></tr>
<tr><td rowspan="3">岗位主要管理目标</td><td colspan="8"></td></tr>
<tr><td colspan="8"></td></tr>
<tr><td colspan="8"></td></tr>
<tr><td rowspan="5">岗位职责工作标准</td><td colspan="2">岗位职责</td><td colspan="3">工作标准</td><td colspan="3">遵循制度（流程）</td></tr>
<tr><td colspan="2"></td><td colspan="3"></td><td colspan="3"></td></tr>
<tr><td colspan="2"></td><td colspan="3"></td><td colspan="3"></td></tr>
<tr><td colspan="2"></td><td colspan="3"></td><td colspan="3"></td></tr>
<tr><td colspan="2"></td><td colspan="3"></td><td colspan="3"></td></tr>
<tr><td>岗位 KPI 考核指标</td><td>考核指标</td><td colspan="2">考核指标描述</td><td colspan="2">权　重</td><td colspan="2">评分计算方式</td><td>考核数据来源</td></tr>
<tr><td></td><td></td><td colspan="2"></td><td colspan="2"></td><td colspan="2"></td><td></td></tr>
<tr><td></td><td></td><td colspan="2"></td><td colspan="2"></td><td colspan="2"></td><td></td></tr>
</table>

续表

<table>
<tr><td rowspan="11">岗位任职资格</td><td rowspan="4">基本条件</td><td>学历要求</td><td colspan="3"></td></tr>
<tr><td>专业要求</td><td colspan="3"></td></tr>
<tr><td>工作经验</td><td colspan="3"></td></tr>
<tr><td>职业认证</td><td colspan="3"></td></tr>
<tr><td rowspan="4">必备知识和技能</td><td>专业知识</td><td colspan="3"></td></tr>
<tr><td>专业技能</td><td colspan="3"></td></tr>
<tr><td>培训经历</td><td colspan="3"></td></tr>
<tr><td>专业积累</td><td colspan="3"></td></tr>
<tr><td rowspan="2">能力要求</td><td>管理能力</td><td colspan="3">管理技能、创新和开拓能力、判断决策能力等</td></tr>
<tr><td>交际能力</td><td colspan="3">交往能力、人际关系处理能力等</td></tr>
<tr><td>素质要求</td><td>胜任素质</td><td colspan="3">潜在特质主要包括领导力、影响力、成就导向、抗压能力及团队合作精神等</td></tr>
<tr><td rowspan="3">岗位职业发展通道</td><td>向上晋升路径</td><td></td><td></td><td></td><td></td></tr>
<tr><td>平级可调岗位</td><td></td><td></td><td></td><td></td></tr>
<tr><td>下调岗位名称</td><td></td><td></td><td></td><td></td></tr>
<tr><td>岗位权利</td><td colspan="5">（1）
（2）
（3）
（4）
（5）</td></tr>
<tr><td>其他要求</td><td>工作条件</td><td colspan="4">□正常工位　□独立办公室　□ N/A</td></tr>
<tr><td></td><td>考勤要求</td><td colspan="4">□固定考勤　□弹性考勤　□免考勤　□其他约定：</td></tr>
<tr><td>编制人</td><td></td><td>审核人</td><td></td><td>审批人</td><td></td></tr>
<tr><td>编制日期</td><td></td><td>审核日期</td><td></td><td>审批日期</td><td></td></tr>
</table>

【表格填写说明】

岗位描述就是确定岗位的内涵，也就是系统地表述岗位自身的特点，包括岗位的标识、职责，本岗位与相关岗位之间的关系，劳动条件与环境，劳动资料与对象等方面。

- 岗位设置目的概要，是指用简洁和明确的一句话来表述该岗位存在的价值和理由。
- 岗位职责，是指为了在某个关键领域取得成果而完成的一系列任务的集合。它说明了该岗位需要通过一系列什么样的活动来实现企业的目标，并取得什么样的工作成果。
- 岗位劳动条件和环境主要包括以下因素：噪声污染、温度、湿度、空气中含尘量、工作环境的危险性等。对上述因素的定性、定量分析应结合国家公布的各项标准进行。
- 能力要求，包括交往能力、管理技能、创新能力和开拓能力、判断决策能力等。
- 胜任素质要求，包括领导力、影响力、成就导向、思维能力、自信心以及合作精神等。

岗位工作分析中应注意的问题：

- 岗位分析要本着对事不对人的态度；
- 防止分析对象夸大自己工作的重要性；
- 工作分析内容应避免任何管理偏见和歧视。

【管理经验分享】

岗位职责说明书如何有效应用？

很多企业在编制岗位职责说明书的过程当中，基本上需要动用整个公司的资源，但写完之后大部分都束之高阁。事实上，岗位职责说明书作为一项基础管理工作，和很多管理相关：

- 为招聘和录用员工提供依据：岗位职责说明书里已经确定这个岗位的任职条件，任职条件是招聘工作的基础，招聘工作需要依照任职条件来挑选合适人选。
- 作为签订劳动合同的附件：企业决定录用员工后，这名员工应该承担什么样的责任以及要负责到何种程度，这些问题已经事先在岗位职责说明书里约定好，企业不需要对员工重复说明；
- 岗位绩效考核的基础依据：岗位职责说明书还规定了考核评价的内容，

绩效考核的标准应该是一致的，更是细化考核指标的基础；

- 薪酬职级确定的依据：岗位任职资格和薪酬职级挂钩，直接决定薪酬的是岗位评价，岗位评价是企业薪酬政策的基本依据，整个薪酬体系需要以岗位评价为支撑；
- 任职资格认定的依据：岗位分析是任职资格认定的基本依据；
- 员工培训的依据：岗位职责和员工工作要求是对应的，员工是否有能力达到岗位要求需要通过系统培训来实现。

小贴士

这里需要阐述一下职位和岗位的关系：岗位与人对应，只能由一个人担任，一个或若干个岗位的共性体现的就是职位，即职位可以由一个或多个岗位组成。比如，制造型企业生产部门的操作员是一个职位，这个职位由很多岗位的员工担任，如果具体到某个工序，就是岗位。

（2）岗位价值评价方法

①岗位价值常见评价方法

岗位价值评价方法有很多，最常见的方法有岗位排列法、岗位分类法、因素比较法、要素计点法，以及海氏三要素评估法等。

- 岗位排列法：企业组织有关人员组成岗位评定委员会，根据岗位薪酬调查资料或岗位职责说明书作出易于对比的岗位描述，同时确定评定标准并对各个岗位进行打分。评定结果汇总并计算平均得分，进而得出各个岗位的综合次序。
- 岗位分类法：和岗位参照法有些类似，但是这种方法是将企业所有岗位根据工作职责和岗位任职资格要求分成不同的类别，如分为管理工作类、事务工作类、研发技术类及市场营销工作类等，然后给每一类岗位确定一个岗位价值的范围，并且对同一类的岗位进行排列，最终确定每个岗位的价值。
- 因素比较法：首先确定岗位评估所需要的因素，如智力、技能、体力和管理责任等要素，之后按照各因素对各岗位的要求和重要性进行依次排列，形成典型岗位（职位）分级表，并列出各种典型岗位（职位）现行工资，按前面所确定的评价标准进行适当的分配，编制典型岗位（职位）工资表，最终确定各岗位（职位）的工资。

- 要素计点法：这种方法是目前最流行的岗位评估方法，也称为“因素评分法”，这种评价方法的操作要点是，首先确定影响所有岗位的共性评价因素，并将这些因素分级、定义和配点（分数离散并定义标准）建立总体评价标准；其次依据岗位评价标准对所有的岗位进行评价，并汇总每一岗位的总点数（分数）；最后将岗位评价点数转化为货币数量（岗位工资率或工资标准），作为薪酬职级表的输入依据。
- 海氏三要素评估法：海氏三要素评估法是国际上使用最广泛的一种岗位评估方法，据统计，世界500强的企业中有三分之一以上的企业岗位在评估时采用了海氏三要素评估法。海氏三要素通过三个方面（知识、解决问题和应负责任）对岗位的价值进行评估，并且通过较为正确的分值计算确定岗位的等级。

小贴士

岗位分析与评价是一门很专业的管理科学，限于篇幅，本书不对上述所有方法进行详细的阐述，只针对薪酬职级最流行、最常见的方式——要素计点法进行阐述，感兴趣的读者可以翻阅相关书籍学习。

②要素计点法实施流程

本书以最常用的要素计点法为例进行详细分析，要素计点法的本质是通过有效的价值“评价器”评价出每个典型岗位的相对价值。

该方法主要实施流程如下：

a. 选择典型岗位：选择企业典型的岗位名称纳入相对价值评价体系；

b. 确定典型岗位评价标准：要根据岗位分析提炼出适合公司管理实际要求的岗位评价标准，参考范例如表3-5所示：

表 3-5　岗位相对价值评价表（仅供参考）

评价项目	评价目的	评分标准	目标得分	实际得分
岗位所需工作经验	衡量完成岗位要求工作通常所需用的工作经验	10 年以上经验 =10 分；X 年经验 =X 分（X=1—9 为整数）；不需要经验 =0 分	10	
岗位所需专业知识	衡量工作岗位对其职能工作和相关活动在知识方面的要求	需要特别专业知识 =10 分；比较专业知识 =8 分；和专业有一定关系但是关系不是特别大 =5 分；有点关系 =3 分；和专业知识没关系 =1 分	10	
岗位所需专业技能	专业的技能程度越高，岗位相对价值越高	需特别专业技能 =10 分；比较专业技能 =8 分；和技能有 50% 关系 =5 分；有点关系 =3 分；和专业知识没关系 =1 分	10	
岗位管理员工人数	衡量某职务所负责管理员工的总人数。在计算员工人数时只有业务指导关系而无行政隶属关系的下属部门的员工不计入管理员工人数	有管理职责，属于公司 =10 分；仅限于中心 =8 分；仅限于一级部门 =6 分；仅限于二级部门 =4 分；仅限于项目组 =2 分；无管理职责 =0 分	10	
岗位管理复杂程度	衡量创造性和判断力、管理业务多样性及复杂程度，以及决策难度等要素	超级复杂 =10 分；比较复杂 =8 分；一般 =5 分；不复杂 =3 分；超级简单 =1 分	10	
岗位对公司经营管理的影响范围	岗位对公司整体业务的影响程度	影响范围广 =10 分；大部分影响 =8 分；部分影响 =5 分；少部分影响 =3 分；基本没影响 =1 分	10	

续表

评价项目	评价目的	评分标准	目标得分	实际得分
人际关系复杂度	衡量“交往能力”的水平和形式	人际关系复杂 =10 分；比较复杂 =8 分；一般 =5 分；不复杂 =3 分；简单 = 1 分	10	
岗位管理压力	承担的管理压力越大（如管理决策压力），风险越高，证明对公司的管理价值越大	压力大 =10 分；压力比较大 =8 分；一般 =5 分；压力不大 =3 分；没压力 = 1 分	10	
岗位相对重要性	岗位在整个公司所有管理岗位中相对重要性对比	最高 =10 分；比较高 =8 分；一般 =5 分；职能辅助类 =3 分；价值特别低 = 1 分	10	
……	……	……	……	
总分				

小贴士

上述表格仅作为岗位相对价值“评价器”的参考（不要机械照搬），实际制定“评价器”时，必须结合本企业实际管理目标、结合企业管理关键成功要素和岗位价值关键考量点进行设计，确保这套评价价值的体系是适宜和有效的。

③确定岗位总点数，从而确定岗位的相对价值

根据统一的评价规则，通过专家代表对每个岗位进行评价，最终要统计出岗位评价点数汇总表。

表 3-6　岗位评价点数汇总表

<table>
<tr><th>岗位名称</th><th>评价要素</th><th>评价点数</th><th>累计点数</th></tr>
<tr><td rowspan="4"></td><td>岗位所需工作经验</td><td></td><td rowspan="4"></td></tr>
<tr><td>岗位所需专业知识</td><td></td></tr>
<tr><td>岗位所需专业技能要求</td><td></td></tr>
<tr><td>……</td><td></td></tr>
<tr><td rowspan="4"></td><td>岗位所需工作经验</td><td></td><td rowspan="4"></td></tr>
<tr><td>岗位所需专业知识</td><td></td></tr>
<tr><td>岗位所需专业技能要求</td><td></td></tr>
<tr><td>……</td><td></td></tr>
<tr><td rowspan="4"></td><td>岗位所需工作经验</td><td></td><td rowspan="4"></td></tr>
<tr><td>岗位所需专业知识</td><td></td></tr>
<tr><td>岗位所需专业技能要求</td><td></td></tr>
<tr><td>……</td><td></td></tr>
</table>

④确定评价点数和薪酬数据对应关系，如表 3-7 所示：

表 3-7　评价点数与薪酬数据对应关系

<table>
<tr><th rowspan="2">岗位名称</th><th rowspan="2">评价点数</th><th colspan="3">市场调查薪酬范围</th><th rowspan="2">备　　注</th></tr>
<tr><th>最小值</th><th>最大值</th><th>中间值</th></tr>
<tr><td></td><td></td><td></td><td></td><td></td><td></td></tr>
<tr><td></td><td></td><td></td><td></td><td></td><td></td></tr>
<tr><td></td><td></td><td></td><td></td><td></td><td></td></tr>
<tr><td></td><td></td><td></td><td></td><td></td><td></td></tr>
<tr><td></td><td></td><td></td><td></td><td></td><td></td></tr>
</table>

⑤根据薪酬策略调整岗位薪酬范围

根据市场调查数据，结合薪酬策略，确定薪酬职级，如表 3–8 所示：

表 3–8 评价点数与薪酬职级关系

岗位名称	评价点数	薪酬策略	岗位人才稀缺度	市场调查薪酬范围			调整后薪酬范围		
				最小值	最大值	中间值	最小值	最大值	中间值
		领先	稀缺						
		跟进	稀缺						
		跟进	普通						
		落后	普遍						

调整后的薪酬范围是制定薪酬职级表的重要基础数据。

3. 任职资格与薪酬职级

企业建立任职资格的主要目的是：为企业构建公平公正的人才竞争和使用机制，为员工职业发展提供舞台并创造发展前景，促进员工不断提升职业化素质，全面规范员工任职资格管理标准化，使得员工的能力、贡献与薪酬职级相适应。

任职资格对于具体现实工作有哪些指导价值呢？

任职资格在实践中往往与职级认证相对应，职级不同，对工作结果的追求程度不同，则工作内容也会发生很大变化。

企业职级的认定不仅要综合考虑工作年限、工作经历和资历，还要考虑个人职称、技能认证、绩效和贡献等综合因素。

任职资格认定流程如图 3–3 所示：

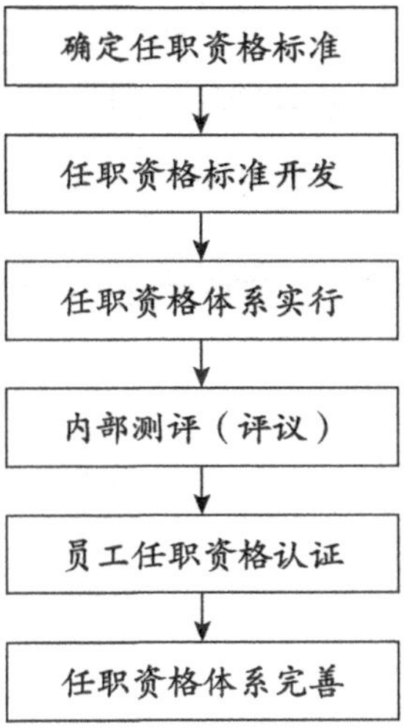

图 3-3 任职资格认定流程

任职资格主要实施流程概述如下：

（1）确定任职资格标准：企业建立规范的任职资格标准，一般按照如下体系设计的维度来设计：

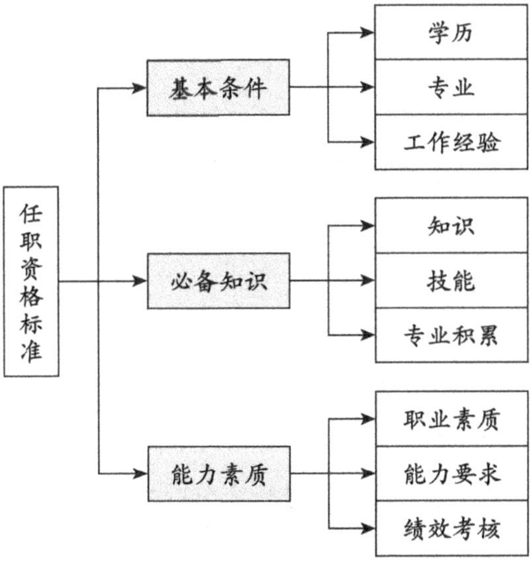

图 3-4 企业任职资格标准体系设计图

（2）任职资格标准开发

企业根据统一的任职资格体系结构，组织建立各个岗位的任职资格标准。每个典型岗位（职位）上的员工都要符合任职资格标准：

表 3-9　典型岗位任职资格

岗位名称	类　别	任职资格描述
××× 助理	基本条件	
	必备知识	
	能力要求	
	素质要求	
××× 主管	基本条件	
	必备知识	
	能力要求	
	素质要求	
××× 部门经理	基本条件	
	必备知识	
	能力要求	
	素质要求	
××× 总监	基本条件	
	必备知识	
	能力要求	
	素质要求	

（3）任职资格体系实行

企业建立任职资格标准后，需进行充分的培训和标准调整，确保其符合企业管理实际。

（4）内部测评（评议）

任职资格标准建立以后，需要通过考试（如知识水平）、评定会（或者评审会）等方式来评定员工任职资格，常见测评方式如表 3-10 所示：

表 3-10 任职资格关键项认定方式

测评要点	测评内容	测评方式
专业经验	本专业领域工作经历和经验要适度避免论资排辈问题，对于业绩优秀、能力突出的人员可以突破专业经验的要求，学历和经验之间可以适度折算	重点审核关于参与某类项目经验、承担某种角色的要求，完成某种任务的具体要求等
知识	包括业务基础理论知识、公司相关规章制度、业务流程等业务知识	网上考试或书面考试（开卷或闭卷）、现场答辩、培训记录等
技能	胜任职位工作所必须具备的技能，包括通用技能、专业技能、相关工具技术的使用等	专业证书、民主评议、现场答辩、考试、关键事件等
行为	胜任职位的成功关键步骤，通过对整体工作过程的分析、总结、归纳得出	评议、现场答辩、关键事件、工作记录等
素质	各类职位素质要求，可以从任职资格标准、职位说明书中获得	行为事件访谈法、360 度反馈评价法等

（5）员工任职资格认证

各项测评点完成后，需要汇总并经民主评议完成员工任职资格评定表：

表 3-11 员工任职资格评定表

<table>
<tr><th>岗位名称</th><td></td><td></td><td></td></tr>
<tr><th>申请人</th><td></td><td></td><td></td></tr>
<tr><th>申请认证岗位</th><td></td><td></td><td></td></tr>
<tr><th rowspan="5">认证内容</th><th>类　别</th><th>任职资格要点</th><th>认证结果</th></tr>
<tr><td>基本条件</td><td></td><td>□符合　□不符合</td></tr>
<tr><td>必备知识</td><td></td><td>□符合　□不符合</td></tr>
<tr><td>能力要求</td><td></td><td>□符合　□不符合</td></tr>
<tr><td>素质要求</td><td></td><td>□符合　□不符合</td></tr>
<tr><th>认证结果</th><td colspan="3">□符合　□不符合</td></tr>
<tr><th>认证评委（签字）</th><td colspan="3">年　　月　　日</td></tr>
</table>

（6）任职资格体系完善

任职资格体系在具体实施过程中，应根据企业发展需要，定期进行体系的深入完善，确保任职资格体系符合企业管理实际需要。

最终，企业通过建立有效的岗位任职资格评价，使得每个员工的具体薪酬和企业薪酬职级表的职级（职等）挂钩。

小贴士

岗位分析与评价是设计薪酬职级表的基础，任职资格是对员工进行能力素质认定的依据，任职资格和薪酬职级表之间有着密切的关联。

4. 如何进行有效薪酬调查

薪酬调查就是通过一系列标准、规范和专业的方法，对市场上各岗位（职位）进行系统分类、汇总和统计分析，形成能够客观反映市场薪酬现状的调查报告，为企业提供薪酬设计方面的决策依据及参考。

薪酬调查是薪酬设计中的重要组成部分，薪酬市场调查主要是为了保证企业薪酬的外部均衡性，薪酬调查重点解决的是薪酬的对外竞争力和对内公平性问题，薪酬调查报告能够帮助企业达到个性化和有针对性地设计薪酬的目的。

（1）调查对象选择原则

薪酬调查对象一定要有针对性。为了准确选择调查对象，企业首先要明确自己所处的行业范围以及主要竞争对手。一般可选择同行业存在竞争关系的企业进行调查，如果竞争企业特别多，可以选择有代表性的企业进行调查。

（2）调查主要工作目标

薪酬是一个比较整体的概念，如果薪酬调查的内容只是参与调查企业其中一个部门的基本薪酬，那么很显然无法准确反映市场的真实状况。所以，最好对参与调查企业的总体薪酬有所了解，以免得到的数据失之偏颇。

有效的薪酬调查要达到以下目标：

- 清晰掌握企业所在行业的薪酬水平；
- 掌握本地区的薪酬水平；
- 调查竞争对手薪酬结构和岗位薪酬待遇；
- 调查竞争对手福利待遇体系；
- 调查竞争对手股票期权等长期激励计划；
- 把握薪酬动态与发展动向。

（3）薪酬调查主要方式

- 政府部门公布的薪酬调查资料：如各地劳动局年度调研结果，各地劳动局网站会定期发布当年薪酬数据；
- 招聘网站搜集薪酬信息：部分企业在发布招聘信息时会写上薪酬待遇；
- 招聘面试渠道了解信息：面试员工时一般都能获取被面试者所在企业薪酬情况，这对于企业来讲是非常有价值的情报；
- 现有员工获得竞争对手信息：企业有些员工是从竞争对手那里招聘过来的，可以通过他们获得竞争对手的薪酬情报；
- 委托专业机构进行调查：如果企业资金实力很强，可以委托专业机构来调查，这种途径得来的信息一般可信度较高，但一定要注意委托时选择令人信任的专业机构；
- 调查问卷：通过设计调查问卷的形式，向特定调查对象发放调查表，从而收集相关信息，但由于很多人对于自己的薪酬不愿意透露，这种做法实现起来还是存在困难，因此可以采用有奖调查的方式来鼓励他们填写；
- 购买著名招聘网站销售的《薪酬调查报告》：这种调查报告的权威性比较强，必要时可以考虑购买。

通过有效的薪酬调查，首先了解各个典型岗位（类别）人员的薪酬范围，其次选择典型职位进行薪酬调查，确定最低工资、最高工资、平均工资、工资中位数等数据，最后根据前面的职位分类和分级结果绘制市场工资曲线，如表 3–12 所示：

表 3-12　薪酬调查结果数据统计表

等　级	典型岗位	最小值	最大值	中位值	平均值
E					
D					
C					
B					
A					

5. 薪酬职级表的设计

薪酬职级表的建立是门艺术，既不能故步自封机械执行，也不能随意设计。为了有效建立薪酬职级表，需要经过以下流程：

（1）岗位薪酬市场调查数据分析

根据岗位评价点数、薪酬策略及市场调查调整后的薪酬范围，计算岗位薪酬的中位值，草拟岗位中位值曲线。

关于岗位薪酬分析，如表 3-13 所示：

表 3-13　岗位对应薪酬调查分析表

岗位名称	评价点数	根据市场调查调整后的薪酬范围		中位值	备　注
		最小值	最大值		

通过曲线坐标图（横坐标是岗位，纵坐标是薪酬中位值），可以有效观察出职位薪酬浮动范围（要适度扩展确保薪酬适应性），市场调查数据是制定薪酬职级数量的重要参考依据。

职位薪酬离散度越大，薪酬职级数量就越多，反之设计数量可少一些。

（2）薪酬职级（职等）设计

每个薪酬等级需要确定不同等级容纳的职等，根据经验而言，越是中等级别人员越要细化职等数据，职级越高，薪酬范围离散度越高，应确保符合薪酬范围的调整。

①薪酬职级的设计

薪酬职级表中的关键一项是职级，可参考表 3–14 进行设计：

表 3–14 薪酬职级设计考量维度

职 级	名 称	典型特征
A	基层人员	具有本专业所需基本知识或专业知识（技能），在直接主管适当指导下，能够完成某项或局部的业务
B	基层人员	具有本专业所需必要的知识和技能，这些知识和技能已经在日常工作中多次实践，在直接主管适当指导下，能够完成多项或比较复杂的业务
C	骨干员工	具有本专业某一领域比较全面的知识和技能，甚至在某一方面能够达到精通；能够独立、成功、熟练地完成本领域一个子系统的工作任务，并能有效指导他人工作
D	核心员工	精通本专业某个领域特别专业的知识和技能，同时熟悉相关领域知识；能够承担所负责领域工作，对于比较复杂的问题能够带领团队通过各种努力去解决
E	专家	精通本专业多个领域知识和技能，能够准确把握本领域的发展趋势，指导负责领域的运作，能够解决重大和复杂问题，成为该领域大家认可的专家
F	资深专家	能够深刻洞悉所擅长领域未来发展方向，并提出具有战略性的指导思想，同时带领团队完成新的挑战
……	……	……

②薪酬职档的设计

职级确定后需要细分薪酬职档，可参考表 3–15 进行设计：

表 3-15 薪酬职档设计考量维度

职档	名 称	典型特征（需要根据企业实际完善）
1	初等档次员工	刚入门工作，需要大量辅导
2	初等档次员工	个人技能相对比较熟练，60% 的工作能够独立完成
3	中等档次员工	上级交代任务的 80% 能够独立完成
4	中等档次主管	带 1—2 人小团队，上级交代的任务都能独立完成
5	高等档次	带 2—3 人小团队，上级交代的任务都能独立完成
6	高等档次	带 3—5 人团队，上级交代的任务都能独立完成
……	……	……
X	特等档次	带大型团队，上级交代的任务都能独立完成

③任职资格对薪酬职级的影响

- 任职资格不直接影响薪酬，而是通过职位间接影响薪酬职级；
- 满足职位任职资格要求且有良好绩效时可获得该职位职级。

④职级——典型职位对照映射关系

员工最终的工作职责要落在具体职位上，职位分布图要分两个维度考虑：

- 从横向对比而言：按照薪点数进行分类，对工作职责在内容上相近程度高、所需知识及技能基本属于同类体系、相对价值聚合度较高的职位进行归类；
- 从纵向对比而言：用相同的薪点（相对价值）尺度从员工知识技能、解决问题及应负责任三个方面去衡量公司各职类职位，确定各职位对公司的相对贡献。

将所有职位按类别及对公司的贡献大小汇总，可制成职位与薪酬职级对应表。

表 3-16　职位与薪酬职级对应表

职级	名　称	对应典型职位
A	基层人员	普通员工岗位，如助理等
B	基层人员	普通员工岗位，如工程师、秘书等
C	普通骨干	主管级岗位，如社保主管、项目主管、中级工程师等
D	核心骨干	部门经理级岗位，如高级工程师等
……	……	……
X-1	专家	总监、副总经理、总工岗位
X	资深专家	总经理

⑤职位与具体薪酬职级（职等）对应关系

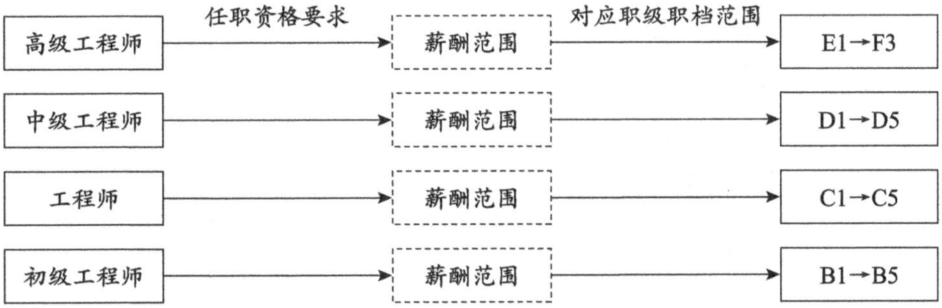

图 3-5　职位与具体薪酬职级对应关系

【**提示**】薪酬职级确定过程中务必做好适度扩充以确保未来可扩充性。

⑥薪酬职级表的设计

按照上述映射关系设计，薪酬职级表参考样式如表 3-17 所示，这个表主要体现的是职位和薪酬职级、职等，以及市场薪酬策略的综合对应关系。

表 3-17 企业薪酬职级表

<table>
<tr><th rowspan="2">薪酬等级</th><th rowspan="2">职等</th><th colspan="2">工资范围（元）</th><th colspan="2">研发生产系列</th><th colspan="2">营销系列</th><th colspan="3">职能管理系列</th></tr>
<tr><th>最低</th><th>最高</th><th>研发</th><th>生产</th><th>销售</th><th>市场</th><th>人力资源</th><th>财务管理</th><th>高级管理</th></tr>
<tr><td rowspan="8">E</td><td>8</td><td>……</td><td>……</td><td></td><td></td><td></td><td></td><td></td><td></td><td rowspan="7">总经理</td></tr>
<tr><td>7</td><td>80001</td><td>100000</td><td></td><td></td><td></td><td></td><td></td><td></td></tr>
<tr><td>6</td><td>60001</td><td>80000</td><td></td><td></td><td></td><td></td><td></td><td></td></tr>
<tr><td>5</td><td>50001</td><td>60000</td><td></td><td></td><td></td><td></td><td></td><td></td></tr>
<tr><td>4</td><td>40001</td><td>50000</td><td rowspan="4">研发副总</td><td></td><td rowspan="4">销售副总</td><td></td><td></td><td></td></tr>
<tr><td>3</td><td>30001</td><td>40000</td><td></td><td></td><td></td><td></td></tr>
<tr><td>2</td><td>28001</td><td>30000</td><td></td><td></td><td></td><td></td></tr>
<tr><td>1</td><td>27001</td><td>28000</td><td></td><td></td><td></td><td></td><td></td></tr>
<tr><td rowspan="5">D</td><td>5</td><td>26001</td><td>27000</td><td rowspan="5">总监级别</td><td></td><td rowspan="8">销售总监</td><td></td><td rowspan="5">专家</td><td rowspan="5">专家</td><td></td></tr>
<tr><td>4</td><td>25001</td><td>26000</td><td></td><td></td><td></td></tr>
<tr><td>3</td><td>24001</td><td>25000</td><td></td><td></td><td></td></tr>
<tr><td>2</td><td>23001</td><td>24000</td><td></td><td></td><td></td></tr>
<tr><td>1</td><td>22001</td><td>23000</td><td></td><td></td><td></td></tr>
<tr><td rowspan="10">C</td><td>10</td><td>21001</td><td>22000</td><td rowspan="10">高级</td><td></td><td></td><td rowspan="10">人力资源总监</td><td rowspan="10">财务总监</td><td></td></tr>
<tr><td>9</td><td>20001</td><td>21000</td><td></td><td></td><td></td></tr>
<tr><td>8</td><td>19001</td><td>20000</td><td></td><td></td><td></td></tr>
<tr><td>7</td><td>18001</td><td>19000</td><td></td><td rowspan="7">高级销售</td><td></td><td></td></tr>
<tr><td>6</td><td>17001</td><td>18000</td><td></td><td></td><td></td></tr>
<tr><td>5</td><td>16001</td><td>17000</td><td></td><td></td><td></td></tr>
<tr><td>4</td><td>15001</td><td>16000</td><td></td><td></td><td></td></tr>
<tr><td>3</td><td>14001</td><td>15000</td><td></td><td></td><td></td></tr>
<tr><td>2</td><td>13001</td><td>14000</td><td></td><td></td><td></td></tr>
<tr><td>1</td><td>12001</td><td>13000</td><td></td><td></td><td></td></tr>
</table>

续表

<table>
<tr><th rowspan="2">薪酬等级</th><th rowspan="2">职等</th><th colspan="2">工资范围（元）</th><th colspan="2">研发生产系列</th><th colspan="2">营销系列</th><th colspan="3">职能管理系列</th></tr>
<tr><th>最低</th><th>最高</th><th>研发</th><th>生产</th><th>销售</th><th>市场</th><th>人力资源</th><th>财务管理</th><th>高级管理</th></tr>
<tr><td rowspan="10">B</td><td>10</td><td>11501</td><td>12000</td><td rowspan="10">中级</td><td></td><td rowspan="7">销售</td><td></td><td rowspan="10">部门经理</td><td rowspan="10">部门经理</td><td></td></tr>
<tr><td>9</td><td>11001</td><td>11500</td><td></td><td></td><td></td></tr>
<tr><td>8</td><td>10501</td><td>11000</td><td></td><td></td><td></td></tr>
<tr><td>7</td><td>10001</td><td>10500</td><td></td><td></td><td></td></tr>
<tr><td>6</td><td>9501</td><td>10000</td><td></td><td></td><td></td></tr>
<tr><td>5</td><td>9001</td><td>9500</td><td></td><td></td><td></td></tr>
<tr><td>4</td><td>8501</td><td>9000</td><td></td><td></td><td></td></tr>
<tr><td>3</td><td>8001</td><td>8500</td><td></td><td rowspan="8">销售助理</td><td></td><td></td></tr>
<tr><td>2</td><td>7501</td><td>8000</td><td></td><td></td><td></td></tr>
<tr><td>1</td><td>7001</td><td>7500</td><td></td><td></td><td></td></tr>
<tr><td rowspan="10">A</td><td>10</td><td>6501</td><td>7000</td><td rowspan="10">初级</td><td></td><td></td><td rowspan="7">主管</td><td rowspan="7">主管</td><td></td></tr>
<tr><td>9</td><td>6001</td><td>6500</td><td></td><td></td><td></td></tr>
<tr><td>8</td><td>5501</td><td>6000</td><td></td><td></td><td></td></tr>
<tr><td>7</td><td>5001</td><td>5500</td><td></td><td></td><td></td></tr>
<tr><td>6</td><td>4501</td><td>5000</td><td></td><td></td><td></td></tr>
<tr><td>5</td><td>4001</td><td>4500</td><td></td><td></td><td></td><td></td></tr>
<tr><td>4</td><td>3501</td><td>4000</td><td></td><td></td><td></td><td></td></tr>
<tr><td>3</td><td>3001</td><td>3500</td><td></td><td></td><td></td><td rowspan="3">助理</td><td rowspan="3">助理</td><td></td></tr>
<tr><td>2</td><td>2501</td><td>3000</td><td></td><td></td><td></td><td></td></tr>
<tr><td>1</td><td>1500</td><td>2500</td><td></td><td></td><td></td><td></td></tr>
</table>

小贴士

对于薪酬职级特别高的人员，其薪酬审核需要通过公司薪酬管理领导小组审核确定，以确保薪酬与贡献挂钩。

6. 薪酬职级表的有效管理

薪酬职级表设计完成后，另一项应当进行的基础工作就是薪酬职级的定义。薪酬职级要和岗位相对价值评估以及任职资格结合起来，以确保其可操作性，否则就会失去管理依据。

薪酬职级定义参考如表 3–18 所示：

表 3–18　薪酬职级达标条件定义表

级别	职档	职级定义（必要条件）
E	5	【必备条件】对企业要作出重大贡献（年度利润贡献 1000 万元或者重大技术产品创新等），需要薪酬委员会考核确定 【考核要求】年度绩效考核成绩不能低于 95 分
	4	【必备条件】对企业要作出重大贡献（年度利润贡献 800 万元或者重大技术产品创新等），需要薪酬委员会考核确定 【考核要求】年度绩效考核成绩不能低于 90 分
	3	【必备条件】对企业要作出重大贡献（年度利润贡献 600 万元或者重大技术产品创新等），需要薪酬委员会考核确定 【考核要求】年度绩效考核成绩不能低于 90 分
	2	【必备条件】对企业要作出重大贡献（年度利润贡献 400 万元或者重大技术产品创新等），需要薪酬委员会考核确定 【考核要求】年度绩效考核成绩不能低于 85 分
	1	【必备条件】对企业要作出重大贡献（年度利润贡献 200 万元或者重大技术产品创新等），需要薪酬委员会考核确定 【考核要求】年度绩效考核成绩不能低于 85 分

经过清晰定义后，薪酬职级更容易在日常工作中实施。

7. 薪酬职级表有效性验证

薪酬职级表是否符合企业管理实际，需要在设计后试运行一段时间进行有效性验证，只要符合下表中所有审核项，就可以证明薪酬职级表是有效的。

关于薪酬职级自我检查，如表 3-19 所示：

表 3-19 薪酬职级适应性检查表

审核要点	审核内容	审核结果
薪酬战略符合度	薪酬职级表对于不同类型职位的竞争策略是否符合公司战略要求？	□符合 □部分符合 □不符合
职位薪酬可扩充	关键职位的上升薪酬空间是否满足适当可扩充的原则？	□符合 □部分符合 □不符合
与公司现有薪酬待遇符合度	薪酬职级表是否有和现有薪酬待遇冲突的环节？	□无 □部分有 □有
职级数量	职级数量是否与公司薪酬体系要求相适应？	□符合 □部分符合 □不符合
职档数量	职档数量是否与公司薪酬体系要求相适应？	□符合 □部分符合 □不符合
薪酬职级定义	每个薪酬职级定义是否清晰可操作？	□符合 □部分符合 □不符合
……	……	□符合 □部分符合 □不符合
总体改进意见		
审批意见	审批人（日期）：	

当然，薪酬职级表要随着企业发展规模特别是人员结构布局的变化而进行定期调整，以确保该表符合企业的实际管理需要。

七、薪酬管理的有效艺术

1. 员工加薪管理艺术

（1）企业在员工加薪过程中应坚持的原则

公平原则：要综合考虑外部均衡、内部相对公平、过程公平及结果公平，最终要兼顾效率与公平。

激励原则：关键岗位的人员薪酬要有竞争性和激励性，对于核心骨干人员的加薪，不能采用大锅饭或者平均主义。

竞争原则：薪酬的外部公平性或者外部竞争性，体现在员工将本人薪酬与在其他企业从事同样工作员工所获得薪酬之间的比较，如果缺乏竞争力则容易导致核心骨干员工持续流失。

因人而异的原则：人的能力和对企业的贡献是有差别的，收入同样应该有差别，加薪也应体现出员工之间的差别。

绩效评价结合原则：员工要加薪，必须有绩效考核结果作为参考，从而防止加薪随意性。

（2）企业在员工加薪过程中相应的对策

建立科学的加薪原则和标准：企业要建立规范的薪酬管理制度，该项管理制度中要有相应的加薪原则和标准，才能对员工起到激励作用，才能真正体现核心员工的价值。

遵循人才市场价值规律：企业不要违背人力资本市场的价值规律。企业的收入分配还要实现与工作绩效的有效挂钩，加薪的作用才得以发挥。这就需要一套完善的考核体系，尤其是那些难以量化的工作，要有有效的考核方法，这样就可以根据绩效确定加薪幅度。

企业要建立多层次激励管理体系：人的需求是多层次的，物资需求只是最低层次的需求，因而仅靠加薪作用是有限的，员工不断提出加薪反而会持续增加企业运营成本。

企业要站在人性化管理角度，为员工建设宽松和人性化的工作环境，通过企业的美誉度持续提升企业对人才的吸引力。此外，及时有效的认可能让员工有职业成就感，要让员工从内心深处感受到在企业里工作的满足感。

建立相关的加薪监督机制：可以通过上级和同级实施监督，引入监督机制以保障薪酬管理制度的严肃性和执行力。例如，将企业考核结果内部公开，及时表彰表现优秀的员工，让员工感受到企业的认可。此外，核定员工绩效以确定加薪幅度时，可以采取民主评议的办法，这样可以避免由于上下级矛盾或过度亲密引起的过高或过低判断。

2. 员工降薪管理艺术

对劳动者来说，选择工作时首要考虑的因素就是工资报酬。因此，劳动合同对劳动报酬的约定要相对比较明确，企业的三大制度：薪酬管理制度、绩效考核制度、任职资格管理制度要公正透明，发布过程民主合法。

（1）企业在员工降薪过程中应坚持的原则

①依法降薪的原则：

主要是依据国家相关法律的规定。在降薪操作的过程中，除了双方协商一致变更的方法之外，法律赋予了用人单位单方变更工资的权利。

根据《劳动合同法》第 40 条及相关规定，单方变更主要通过以下途径来实现：

A：劳动者由于不能胜任工作而被用人单位单方调整工作岗位。这一条是基于“以岗位调整合法为前提，岗变薪变”的原则。此处的“不胜任工作”包括身体原因和工作能力原因两个方面。

《劳动合同法》第 40 条规定，有下列情形之一的，用人单位提前三十日以书面形式通知劳动者本人或者额外支付劳动者一个月工资后，可以解除劳动合同：（1）劳动者患病或者非因工负伤，在规定的医疗期满后不能从事原工作，也不能从事由用人单位另行安排的工作的。（2）劳动者不能胜任工作，经过培训或者调整工作岗位仍不能胜任工作的。也就是说，用人单位在上述条件下可以单方调整劳动者的工作岗位，当劳动者患病或非因工负伤，在规定的医疗期满后不能从事原工作，单位可以另行安排其他工作，劳动者不能胜任工作，单位可以调整其工作岗位，调整工作岗位后，工资也得到相应的调整。

B：劳动者由于违反用人单位规章制度，依据规章制度给予降职降薪处罚的。这条首先要求用人单位必须存在明确及合法的规章制度，并明确列举按照降职降薪处理的具体情形。规章制度的制定要符合法定程序，除此以外，单位的规章制度要对劳动者进行解释说明和公示。在依据规章制度处罚员工时，还要有充分的证据证明劳动者存在违纪行为。

C：企业可采取结构性浮动工资的管理机制，在约定范围内进行调整：用人单位可以在劳动合同中约定工资构成由固定工资和浮动工资组成。固定工资包括基本工资、岗位工资、职位（职务）工资、技能工资等；浮动工资包括绩效工资、奖金及提成等。既然是浮动工资，在劳动合同约定范围内就可以进行调整。

D：其他情况的单方变更，在企业管理实践中，一些地方政府规章及司法判例支持用人单位在劳动合同中特别约定用人单位单方调岗调薪权。

②制度透明的原则

企业绩效考核与薪酬管理制度透明规范，培训到位，确保所有员工对制度有清晰的了解和把握，作为人力资源部门要保留培训的证据，防止员工抵赖不认账。

③谨慎处理的原则

加薪对劳动者来说是广受欢迎的事情，但是降薪过程必须慎重，否则很容易引发劳动纠纷。

④绩效确认的原则

员工由于绩效考核结果被降薪，要有相关确认或者通知的手段。

（2）企业在员工降薪过程中的对策

- 绩效考核相关联的处理：员工降薪须严格依据绩效考核结果执行；
- 任职资格相关联的处理：员工任职资格级别下降可以降薪；
- 注意特殊群体的降薪：女职工怀孕期间不能随意换岗降薪等。

八、薪酬成本的有效控制

薪酬成本控制是一门管理艺术，在企业管理实践中，薪酬的控制需要精心设计。

1. 招聘时的薪酬谈判技巧

招聘员工时，对方漫天要价该如何应对？面对稀缺人才离谱的报价时，谈判薪酬待遇有哪些技巧？

作为人力资源部门，首先要审核薪酬职级与招聘岗位的价值匹配度，对于严重偏离薪酬职级的面试人员，要认真分析招聘形势、最新岗位人才稀缺度的趋势等要素。如果岗位是普通人才，必须纳入统一薪酬体系；如果是稀缺人才，可以单独议价，但是必须进行严格的试用期考核。

2. 试用期考核与薪酬

试用期有效的考核是使得高价招聘到的人员价值合理回归的关键举措。

针对高价招聘到的员工，能否在试用期通过有效的评价认定其合理价值，建议企业采用严格的试用期考核评价表实施考核，考核结果和转正后薪酬挂钩，同时要求员工对于考核内容进行签字确认。

关于试用期考核，参考表 3-20：

表 3-20　新员工试用期考核表

新员工姓名	
身份证号	
试用期	自　　年　　月　　日到　　年　　月　　日
所在部门	
直接领导	

续表

<table>
<tr><td rowspan="5">试用期考核指标</td><td>考核指标</td><td>权　重</td><td>目标值</td><td>评分计算方式</td></tr>
<tr><td></td><td></td><td></td><td></td></tr>
<tr><td></td><td></td><td></td><td></td></tr>
<tr><td></td><td></td><td></td><td></td></tr>
<tr><td></td><td></td><td></td><td></td></tr>
<tr><td>试用期考核成绩与对应薪酬调整</td><td colspan="4"></td></tr>
<tr><td>员工承诺（签字）</td><td colspan="4">本人已经认真阅读新员工试用期考核表中的各项考核指标，在此签字并郑重承诺，本人同意公司按照“试用期考核成绩与对应薪酬调整”规定调整转正后的薪酬。
新员工（签字 / 日期）</td></tr>
</table>

上述措施可有效遏制贡献与薪酬待遇不匹配的现象。

3. 绩效考核与薪酬调整

有效的《绩效考核管理制度》，员工定期考核结果要与规范的薪酬职级调整挂钩，要让员工看清个人努力和薪酬待遇的关系，这也是薪酬激励的根本要求。

例如，企业可在《绩效考核管理制度》中明确规定：

- 季度考核 60 分以下，考核期没有绩效工资；
- 年度连续 3 个季度评价为 S 级，或者连续 4 个季度评价为 A 级，次年上调薪酬 3 级；
- 年度连续 2 个季度评价为 S 级，或者连续 3 个季度评价为 A 级，次年上调薪酬 2 级；
- 年度连续 2 个季度评价为 A 级，次年上调薪酬 1 级；
- 年度连续 4 个季度评价为 C 级，或者连续 3 个季度评价为 D 级，次年下调薪酬 3 级；

- 年度连续 3 个季度评价为 C 级，或者连续 2 个季度评价为 D 级，次年下调薪酬 2 级；
- 年度连续 2 个季度评价为 C 级，或者某个季度评价为 D 级，次年下调薪酬 1 级；
- 年度考核结果评价为 D 级的，次年薪酬直接下调 4 级。

上述有效的管理规则可纳入《绩效考核管理制度》。

九、薪酬福利管理制度设计

薪酬福利管理制度是人力资源管理的一项基本管理制度。

参考制度框架如下：

【范例】某企业薪酬福利管理制度

1. 目的

为了有效吸引和保留高素质人才，让优秀员工通过薪酬福利获得更好的待遇，不断提升公司管理水平，不断提升薪酬激励的有效性，特制定本项管理制度。

2. 适用范围

本制度适用于 ABC 公司的全体员工。

3. 管理原则

（1）薪酬保密原则：公司实行薪酬和福利保密制度，员工不得私下询问、透露和谈论薪酬待遇事宜。如果发生薪酬泄密，公司将追究泄密者的责任并按照严重违纪处理。

（2）职级待遇原则：公司福利实行“职级不同福利不同”的待遇体系。

（3）公平管理原则：公司薪酬按照《薪酬职级表》的体系来规范，确保同岗同级的平等待遇。

4. 薪酬模式

公司除了生产人员采用底薪加计件工资的薪酬模式之外，所有员工采用绩效工资管理模式。50%为基本工资，50%为绩效工资，绩效工资部分根据绩效考核结果发放。

5. 薪酬结构

公司员工薪酬结构由薪酬和福利组成。

薪酬部分：员工薪酬由基本工资和绩效工资、项目奖、年终奖等多层次薪酬结构组成。

其中基本工资和个人学历、岗位和职务要求等挂钩，绩效工资和绩效考核结果挂钩。

除基本工资和绩效工资外，公司还实行项目奖和年终奖等多层次薪酬方式激励员工。

项目奖：公司实行项目经理责任制，项目组成员享受项目奖的奖励，详见《项目考核奖励管理规定》。

年终奖：公司年终奖和公司年度效益、部门年度考核成绩挂钩。

福利部分：分为五险一金法定福利和公司特色福利两种。

6. 薪酬管理组织

公司薪酬福利管理分为董事会、公司薪酬领导小组和各级职能管理部门三级管理制：

（1）董事会薪酬委员会，依据《董事会薪酬与考核委员会工作细则》，其主要职责是：

对董事会聘任总经理、副总经理，以及由董事会认定的其他高级管理人员进行考核；

研究和审查公司薪酬制度，并对执行情况进行监督；

负责拟定股权激励计划草案；

董事会授权的其他薪酬管理事宜。

（2）薪酬领导小组

公司薪酬委员会是公司薪酬管理机构，由总经理、副总经理、财务总监、人力资源总监，以及相关高管人员组成，主要管理职责如下：

负责审议并确定公司薪酬实施总体方案；

负责审议公司年度员工薪酬的统一调整方案；

负责审议并确定公司各项福利政策。

（3）人力资源部

负责公司薪酬管理制度建设和发布；

负责公司薪酬管理制度宣贯和培训；

负责薪酬职级调整的统一管理；

公司福利管理。

（4）财务管理部

负责员工薪酬的发放。

7. 薪酬日常管理规定

（1）员工薪酬职级确定：员工正式录用后要依据公司统一发布的薪酬职级表确定薪酬职级；

（2）公司高管薪酬由董事会薪酬委员会确定；

（3）实习生日常补助标准参照《实习生管理规范》执行；

（4）公司顾问待遇按照顾问协议规定执行；

（5）公司招聘的劳务人员的待遇按照协议执行；

（6）公司员工工资发放时间：人力资源部每月月底组织完成当月绩效考核，同时汇总考勤数据，财务部次月 10 日之前发放，员工工资为税前工资，个人收入所得税在每月发放工资时由公司代扣代缴；

（7）公司按照考勤与休假管理制度、劳动纪律管理制度及劳动合同扣款，或者员工授权公司扣款等，由公司在工资中进行相应扣除；

（8）公司每年年初根据市场竞争情况、CPI 物价调整等要素统一调整薪酬职级表，确保薪酬相对竞争力和对员工的吸引力。

8. 薪酬调整规定

公司薪酬调整分为以下几种途径来实现：

（1）考核调整：薪酬调整严格按照《绩效考核管理制度》规定的考核成绩与调薪关联条件执行；

（2）定期普调：每年年初人力资源部会结合公司经营效益、年度考核结果分析报告等数据，向公司薪酬福利领导小组提交《薪酬调整总体方案建议》，经总经理审批后执行普调；

（3）临时调整：根据岗位异动、职务调整及员工任职资格调整进行薪酬调整。

9. 员工福利管理

公司员工福利主要包括“五险一金”等法定福利和公司特有福利。

（1）法定福利：公司按国家规定为员工办理养老、医疗、工伤、失业、生育保险及住房公积金；

（2）公司特有福利：公司特有福利主要包括午餐补助、带薪休假（参见《考勤休假管理制度》）、交通补助、员工体检等，详细规定参见《公司福利管理规范》。

10. 相关记录

薪酬调整审批表

薪酬调整通知书

福利调整通知书

11. 制度生效

本项管理制度自20×× 年 ×× 月 ×× 日生效。

本项管理制度最终解释权归人力资源部所有。

小贴士

上述制度只提供了制度框架，具体内容请根据实际情况完善，不要机械照搬。

第四章

企业激励体系总体架构设计

本章导读

- “胡萝卜加大棒”阐述了激励的什么原理？
- 如何去引导员工进行有效的自我激励？
- 员工激励有哪些常见有效的管理手段？
- 员工激励体系设计的主要原则有哪些？
- 绩效考核与员工激励有什么样的关系？
- 薪酬管理与员工激励有什么样的关系？
- 精神激励法有哪些有效的应用手段？
- 物质激励和精神激励该怎样结合使用？

谈起激励，很多人会认为很“高深”，做起来很难。其实，理解激励并不难。激励管理的核心思想很简单，即包括企业高管在内的所有员工通过绩效衡量业绩，业绩好坏和个人经济等相关利益挂钩，工作效果的好坏必须有明确的反馈和导向。

激励的总体思想即 “胡萝卜 + 大棒 + 精神激励”。

一、员工激励常见有效手段

从激励管理驱动力角度来讲，有自我激励和外在激励两种。

从激励的周期角度来讲，有短期激励和中长期激励两种。

员工的自我激励：在企业管理实践中主要体现在任职资格，如职能和个人职业发展待遇的提升。此外，业界经典的“马斯洛需求层次理论”，从生理要求一直到自我实现层次，对于员工的内驱激励也是典型的体现。

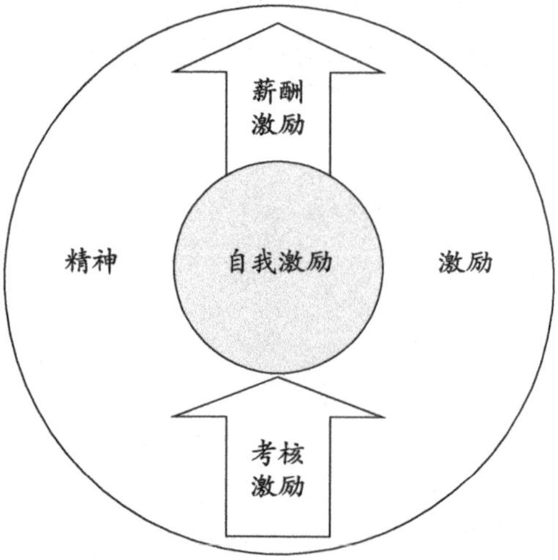

图 4-1　员工激励体系示意图

除了员工自我激励之外，企业对员工的激励，用最简单的方法讲，就是对员工“胡萝卜 + 大棒 + 精神激励”，其中：

- 胡萝卜：有效的物质激励，主要是薪酬激励方式；
- 大棒：有效的考核激励，要让员工看到，做好做坏效果是不一样的；
- 精神激励：即非物质激励，如愿景激励等。

掌握了上述基本理论，激励管理才能对症下药。

二、激励体系设计主要原则

有效的激励体系设计，必须充分考虑以下原则：

- 与企业战略呼应原则：企业绩效考核与薪酬激励必须和企业经营战略以及人才战略相匹配，符合企业整体战略发展需要。
- 价值导向原则：有效的绩效考核与薪酬激励，要和企业鼓励、倡导的价值理念一致，只有价值观相同才能形成统一有效的管理理念，这是顶层制度设计的基本原则。
- 业绩贡献导向原则：无论考核和薪酬激励如何设计，只有和个人业绩贡献挂钩的激励，才是最终的激励方向。
- 有效激励原则：关键岗位的人员绩效考核和薪酬激励要有竞争性和激励性。
- 合法合理原则：有效的绩效考核和薪酬制度的实施必须符合国家薪酬法律规定，做到实施内容合法、制度发布合法。

三、绩效考核与员工激励的关系

绩效考核与员工激励的关系是：

1. 正向激励：员工业绩好、贡献大，通过有效的考核，在员工绩效工资中予以体现，以充分保证贡献和考核挂钩。

2. 负向激励：按照科学有效的绩效考核目标，在员工充分认可公司考核指标的前提下，如果员工业绩差，通过有效的绩效工资下浮，促进员工想方设法提高绩效。

3. 晋升激励：员工绩效考核成绩符合公司职位晋升的考核标准，可促使员工奋发有为，向着更高的职业目标发展。

四、薪酬管理与员工激励的关系

现代企业的薪酬体系应该能吸引人才、留住人才，最大限度地发挥人才的潜能，这就要求企业必须建立富有竞争力的薪酬制度。

薪酬是激励员工创造更大价值的原动力，薪酬激励是企业进行员工激励最常见的手段。但是，不合理的薪酬结构不仅不能有效提高员工的工作积极性，反而会消减员工的工作热情，造成与激励背道而驰的后果。

总结起来，有效的薪酬激励体系具有如下特征：

1. 清晰的薪酬战略

必须和竞争对手对比分析并确定，哪些人才采用竞争领先的薪酬策略、哪些人才采用跟进策略、哪些人才采用差异化策略。薪酬战略清晰了，执行目标也就会随之清晰。

2. 核心骨干人才薪酬竞争力

企业要想吸引并留住人才就需要为员工提供有竞争力的薪酬待遇，光靠给员工“画大饼”的精神激励只能起一时作用，长久来看是行不通的。

对于核心人才采用较高的报酬会带来更高的满意度，与之俱来的还有更低的离职率。薪酬缺乏市场竞争力，使企业人才流失，其结果是造成企业不断招人、老员工又不断离职的恶性循环。

3. 基于绩效考核的动态薪酬

科学有效的绩效考核管理制度和薪酬管理制度，不但能留住优秀的员工、淘汰表现较差的员工，更重要的是可以使好的员工竭尽全力把自己的本领发挥出来。此外，实行按绩效付酬后，绩效工资和绩效考核结果直接挂钩，按照贡献给予动态薪酬，体现了多劳多得的原则。

很多中小公司都缺乏一套科学而公平的绩效薪酬管理体系，由于缺乏制度顶层设计和有效的日常管理机制建设，企业在进行员工薪酬调整以及发放年终奖金时总是缺乏科学的考核依据，考核缺乏依据必然造成不公平，必然造成部分优秀员工的流失，这种没有目的的奖励也没有使奖金达到应有的激励作用。

通过岗位价值分析制定有竞争力的薪酬职级体系，任职资格在与职位挂钩的同时与薪酬职级表的薪酬等级对应，绩效考核与绩效工资挂钩，最终建立具有激励作用的薪酬体系，可以保证薪酬在同行业具有一定竞争力，确保企业能够吸引优秀的符合企业所需的人才。有效的薪酬激励可以让员工踏实工作，发挥更大的创造性，为企业创造更大的价值。

需要特别指出的是，企业高管必须纳入薪酬绩效考核。很多企业管理人员工作成果（贡献）好坏没有与绩效考核结果直接挂钩，公司盈亏与个人工作表现乃至部门团队合作没有直接关系，在这样的管理机制下，最终会导致公司业绩无法提升，也自然无法提供有竞争力的薪资福利。

五、精神激励的管理艺术

金钱不是万能的，所以物质激励不是万能的。有效的激励，必须是物质激励和非物质激励（精神激励）相结合。

关于非物质激励的管理艺术，后续章节会有详细介绍。

六、激励模式的有机结合

员工的需求是多元的，特别是职位比较高的核心骨干员工。除了令人满意的薪水以外，企业良好的工作环境、良好的沟通和人际氛围、富有战斗力的团队支持、领导的赏识和认可，同样是激励员工奋发有为的有效因素。

美国社会心理学家马斯洛有一个著名的需求层次理论（该理论将需求分为五种，像阶梯一样从低到高，按层次逐级递升，分别为生理需求、安全需求、情感和归属需求、尊重的需求以及自我实现的需求），每个员工年龄结构不同，社会经济基础不同，从而导致其需求层次不同。作为企业管理者要了解每个员工的需求，这是应用需求层次理论对员工进行激励的一个重要前提。在不同企业中，员工的需要充满差异性且经常变化。因此，各级管理者应该经常性地用各种方式进行调研，弄清员工未得到满足的需要是什么，然后有针对性地进行激励。

在企业中，依靠单纯的高薪其实并不能完全起到应有的激励作用。企业在进行员工激励时，除了引导员工自我激励奋发有为之外，必须将物质激励和精神激励相结合，绩效激励与薪酬激励相配合，只有将薪酬与精神激励、员工自我激励紧密结合起来，构建立体激励体系，才能够充分调动员工的积极性和创造性。

此外，企业通过绩效考核与薪酬激励，在短期内可以起到良好的效果，但从中长期来看，必须结合企业中长期激励，促进企业利益和员工利益相融合，企业的发展目标与员工的发展目标相一致，从而促进员工与企业结成利益共同体关系，最终达到企业与员工长期利益的共赢。

第五章

企业高管绩效考核与薪酬激励

本章导读

- 企业高管主要包括企业哪些人员?
- 企业高管管理上有哪些典型特征?
- 企业高管考核应有何种价值导向?
- 企业高管任职资格标准有何要求?
- 企业高管都有哪些常见考核指标?
- 企业高管绩效考核指标如何量化?
- 企业高管薪酬模式选择有何原则?
- 如何考虑企业高管中长期的激励?
- 企业高管年薪制应如何进行设计?

我国《公司法》第216条第1项规定，高级管理人员是指公司的经理、副经理、财务负责人，上市公司董事会秘书和公司章程规定的其他人员。

在企业中具有经营决策、对企业经营管理总目标负责的人一般称为高管；负责中心或部门级工作计划、控制和组织实施管理的人称为中层；负责日常工作指挥和监督的人则属于基层主管。

一、企业高管主要典型特征

高层管理人员是指对整个企业的管理负有全面责任的人，他们的主要职责是制定企业的总目标和总体发展战略，掌握企业发展的大政方针并评价整个企业的整体绩效。企业高层管理人员的作用主要是参与重大决策和单独负责企业某几个部门，兼有参谋和主管双重身份。

二、企业高管考核价值导向

企业高管的考核价值导向是，作为管理者应具有领导能力、战略规划能力、大局观以及客户服务意识，必须充分考虑财务、客户、内部经营管理和学习（成长）等多个维度，既要考虑现实的盈利，又要考虑人才培养和企业发展后劲问题。

企业高管人员可采用平衡计分卡（BSC）考核模式，最终在年度考核任务书中逐级往下分解落实各个层级的管理者考核指标。

三、企业高管任职资格管理

企业高管的素质要求有很多，如具有大局观和全局意识；具有良好的沟通和协调能力；具有团队管理领导能力；为人正直诚信，工作敬业；具有良好的执行力，勇于担当；善于培养团队；具有丰富的社会人脉资源等，总之对个人综合业务能力和综合素质要求很高。

企业高管任职资格框架设计参考如下：

表 5-1　企业高管任职资格框架设计参考

职位名称	类　别	任职资格描述
副总经理	基本条件	本科以上学历，工作 5 年以上（或者大专以上学历，工作 8 年以上）；8 年以上相关工作经验；丰富的企业管理实践经验
	必备知识	企业管理知识和专业管理知识
	能力要求	推动企业管理变更的能力；职业化管理意识；所负责业务领域的优秀管理能力
	素质要求	高瞻远瞩的发展眼光；具有管理大局观和全局意识；具有良好的沟通和协调能力；具有卓越的团队领导力；为人正直，工作敬业；具有良好的执行力，勇于担当，善于培养团队；具有丰富的社会人脉资源等
总经理	基本条件	本科以上学历工作 10 年以上（或者大专以上学历，工作 12 年以上）；10 年以上相关工作经验；丰富的企业管理实践经验
	必备知识	企业管理基础知识；财务管理基础知识；人力资源管理基础知识以及所负责管辖范围相关的专业知识
	能力要求	推动企业管理变更的能力；职业化管理意识；负责领域的突出管理能力
	素质要求	具有管理大局观和全局意识；具有良好的沟通和协调能力；具有卓越的团队领导力
定义任职资格须知	上述内容仅供参考，具体工作年限要求请结合行业特征自行规定。 在实际管理中注意学历的折算关系，如大专学历和本科学历差额 2 年可以弥补大专学历差异等，研究生学历可以比本科学历领先 2 年等。	

四、企业高管 KPI 考核指标

企业高管的 KPI 考核指标，重点围绕公司经营管理的大局来展开，如财务指标、客户指标、内部管理指标、企业学习和成长指标等。

企业高管采用平衡计分卡（BSC）考核模式，同时结合高管重点负责的领域进行考核指标逐级细化。

五、企业高管绩效考核指标

企业高管 KPI 考核框架设计参考如下：

表 5-2 企业高管 KPI 考核框架设计参考

职位名称	指标类别	考核指标	权重	KPI 描述	考核数据来源
总经理	财务指标（40%）	销售收入	20%	年度产品销售额（万元）	财务部
		销售利润率	10%	销售利润占销售额比率	财务部
		人工成本	5%	企业人力成本（万元）	财务部
		……	……	……	财务部
		费用控制	5%	销售费用的控制（万元）	财务部 预算控制
	客户目标（30%）	年度销售	10%	当年合同销售总额（万元）	财务部
		市场增长率	10%	当年产品市场增长率	财务部
		……	……	……	……
		客户满意度	10%	独立的客户满意度调查	质量部（或者办公室）

续表

职位名称	指标类别	考核指标	权重	KPI 描述	考核数据来源
总经理	内部管理（15%）	管理制度	5%	企业年度管理制度建设目标	质量部（或者办公室）
		质量管理	5%	ISO9000 体系建设	质量部（或者办公室）
		……	……	……	……
		售后服务	5%	售后服务响应落实率	客户服务部
	学习与成长（15%）	员工满意度	5%	员工对企业管理的综合满意度	人力资源部
		员工培训	5%	企业年初规划的培训落实比率	人力资源部
		……	……	……	……
		人才培养	5%	人才培养计划落实完成比率	人力资源部
副总经理	总经理承担的年度指标分解，不同副总承担侧重点不同，如销售副总重点承担财务指标和客户指标，管理副总重点承担内部职能管理等				
定义 KPI 考核指标须知	1. 企业高管业务考核方式采用平衡计分卡（BSC）考核模式体现的是考核和管理的一种综合平衡。 2. 在素质考评这条线上还要考核领导力、执行力、勇于担当精神以及执行力等素质。 3. 实际 KPI 考核指标可以在这个基础上补充和完善。 4. 考核权重要依据企业发展战略和年度经营管理指标来平衡确定。 5. 总经理的考核由董事会进行考核。 6. 如果企业对考核标准要求严格，本表可根据客观需要增加一列“KPI 考核标准约定”，详细约定考核指标的计算方式，确保考核标准得到有效沟通。				

六、企业高管薪酬模式选择

企业高管薪酬模式适合选择年薪制、基于能效的薪酬模式、基于职能的薪酬模式、基于绩效的薪酬模式以及基于市场的薪酬模式类型。

表 5-3 企业高管薪酬模式选择

薪酬模式	适合人员类型	实施要点
年薪制	所有高管人员	基础年薪 + 年度激励 + 长期激励
基于能效的薪酬模式	所有高管人员	任职资格决定能力，考核决定绩效
基于职能的薪酬模式	所有高管人员	按照任职资格定义高管人员薪酬
基于绩效的薪酬模式	所有高管人员	公司经营效益与薪酬挂钩，最终考核结果与年终奖、年度分红等挂钩
基于市场的薪酬模式	所有高管人员	按照市场价招聘高管人员

七、企业高管年薪制的设计

年薪制是指以年为单位，按年确定和支付经营管理者报酬的一种工资报酬制度。年薪的高低主要取决于经营者所具备的经营企业的能力、业绩和贡献。

1. 年薪制管理原则

- 报酬与业绩挂钩：企业经营者的年收入和经营业绩相联系，年度取得业绩越好年薪越高；
- 报酬与风险关联：企业经营者年薪收入与其承担的风险相联系，承担的风险越大年薪越高；
- 整体激励的原则：年薪者总体收入与风险报酬、短期激励和长期激励相关。

2. 年薪制的构成

年薪制的形式主要有岗位年薪制、效益年薪制、岗位效益年薪制、市场价位年薪制等。目前，很多企业实行岗位效益年薪制。

岗位效益年薪制是主要依据企业规模、行业特点、经营管理难度以及经营业绩来确定经营者年度收入的一种分配形式。它的构成包括基本年薪和效益年薪两个部分，其中效益年薪是经营者获取的奖励性报酬。

用公式来定义，经营者岗位效益年薪 = 基本工资收入 + 效益年薪 + 激励性奖励。

其中：

- 基本年薪：由年薪制岗位（职位）所决定，基本年薪一般都按月发放。
- 效益年薪：又叫“风险年薪”，和经营者承担风险相关，和经营效益挂钩。为了确保激励的有效性，可以设置底线目标（低于底线没有绩效）、努力完成目标（跳一跳能够得着的目标）以及拼命完成目标（必须充分发挥全部潜能才能完成的目标）等，同时不同目标的实现结果和不同比例的风险年薪比例挂钩，绩效薪酬可以分段设置，从而起到不同目标的激励效果。
- 激励性奖励：包括短期激励报酬（年终奖金与分红），中长期激励报酬（股票期权）等。

3. 年薪制模式优缺点

（1）主要优点：

- 薪酬与公司的整体效益直接挂钩，将公司的发展与个人的回报进行捆绑，充分激励核心管理人员对公司的发展负责。
- 将掌握公司最多信息和资源的岗位与公司的荣辱兴衰紧密相连，促进了资源、权利等效用的最大化，有利于公司年度绩效的提升。

（2）主要缺点：经营者收入与年度公司业绩密切相关，容易导致经营者为了达到短期利益不择手段地采取短期行为（短视行为），因此必须和中长期激励关联起来。

4. 年薪制方案设计注意事项

（1）关于基薪与效益年薪的比重：制度试行期间，效益年薪控制在底薪的2—3倍比较合理，这样可起到足够的激励作用。

（2）效益年薪的考核，务必确定好考核评价指标：考核指标要结合企业经营目标逐步分解具体的考核指标和权重，必须在年初签署年度绩效考核任务书，以此作为考核评价经营者业绩的主要指标。

八、短期激励与中长期激励

对于现代企业来说，企业高管（高层管理人员）的工作业绩决定该企业总体经营管理水平，也决定企业经营效益和未来发展潜力。

事实上，企业高管激励与考核总是联系在一起。考核是对高管人员业绩进行科学评价，而激励侧重的是如何提高高管人员的短期和长期工作业绩。

关于企业高管中长期激励的知识专业性较强（如股权激励和年度分红等方式），详见“企业中长期激励机制总体设计”一章的介绍。

小贴士

制定一个企业高管激励制度并不太难，难的是制定出一个务实、高效的高管激励制度。企业高管的激励除了必须与具体的、可量化的业务考核体系相配合之外，还与许多不太好量化的、不可控的因素有关。

第六章
市场人员绩效考核与薪酬激励

本章导读

- 企业市场管理的主要目标有哪些?
- 市场部门 KPI 考核指标有哪些?
- 市场人员工作有哪些典型特征?
- 市场人员任职资格有哪些标准?
- 市场人员 KPI 考核指标有哪些?
- 市场人员考核指标应该如何量化?
- 市场人员考核与激励是什么关系?
- 市场人员薪酬模式应该如何选择?
- 市场人员薪酬激励有什么模式?
- 市场管理相关配套制度有哪些?

一、企业市场主要管理目标

- 目标 1　制订完善有效的市场开发拓展计划
- 目标 2　高质量地完成市场调研和市场预测
- 目标 3　有效做好公司市场的推广策划工作

图 6-1　企业市场管理的三大目标

二、市场部门 KPI 考核指标

市场部考核主要包括市场调研任务按时完成率、市场调研报告完成质量、市场拓展计划完成率、市场拓展质量（效果）评价、市场拓展费用有效控制率等。

市场部相关岗位重点考核指标：

- 市场调研主管：市场调研活动计划完成率、市场调研报告按时提交率、市场调研报告采纳率、市场调研费用预算执行质量等；
- 市场拓展主管：市场拓展计划完成率、市场关键客户流失率等；
- 品牌主管：品牌宣传活动计划完成率、品牌策划方案审核通过率、媒体宣传次数等；
- 公关主管：公关计划落实率、媒体曝光次数低于 N 次、危机公关处理完成率等。

三、市场人员主要工作特征

一名合格的市场营销策划人员应具备以下优秀素质：

1. 复合型知识结构：市场营销策划人员需要掌握的综合知识和技能很多，主要包括战略管理学、市场经济学、统计学、心理学、广告和法律等知识；

2. 丰富的管理阅历：市场营销策划人员必须有丰富的同行业阅历和营销经验，对企业在营销各个环节的管理问题能作出准确的判断；

3. 敏锐的市场洞察力：市场营销策划人员要有敏锐的市场洞察能力，能把握市场上存在的各种机会，同时要有效规避市场上存在的风险；

4. 系统思考的能力：市场营销策划人员要有系统思考能力，能用综合的知识去解决复杂的市场体系实施问题；

5. 创新管理的能力：市场不变是相对的，变化是绝对的，面对市场瞬息万变的发展，作为市场人员必须有创新驱动能力，任何因循守旧的管理思维终究要被市场所淘汰。

四、市场人员典型任职资格

市场工作主要包括对外宣传、产品市场调研等，为企业产品销售创造良好的条件。市场人员的任职资格重点考核市场能力、敏锐的市场感知能力等。此外，作为市场人员，优秀的文笔能力至关重要，责任心强、高度的工作热情更是必不可少。

市场人员任职资格框架设计参考如下：

表 6-1　市场人员任职资格框架设计参考

职位名称	类　别	任职资格描述
市场人员	基本条件	大专以上学历；市场管理或企业管理等相关专业；从事市场管理工作至少 3 年以上
	必备知识	市场营销方面的知识
	能力要求	具备独立策划并成功实施过营销方案的经验；有较强的市场感知能力，具有敏锐把握市场动态、市场方向的能力；具备较强的公关能力和良好的文笔表达能力
	素质要求	责任心强、良好的创新精神、高度的工作热情
市场部经理	基本条件	大专以上学历；市场管理或企业管理等相关专业；丰富的市场管理阅历；从事市场管理工作至少 5 年以上
	必备知识	受过管理技能开发、市场营销、合同管理、财务基本知识等方面的培训
	能力要求	有较强的市场感知能力，具有敏锐把握市场动态、市场方向的能力；具备大型活动的策划、监督执行、后期跟进等工作的管理能力
	素质要求	敏锐的市场洞察力、责任心强、良好的创新精神、高度的工作热情、优秀的沟通能力
市场总监	基本条件	大专以上学历；市场管理或企业管理等相关专业；丰富的市场管理经验；从事市场管理工作至少 10 年以上
	必备知识	丰富的市场营销知识和丰富的实战经验知识
	能力要求	较强的市场感知能力；敏锐把握市场动态和市场方向的能力；大型活动的现场管理能力；较强的观察力和应变能力；出色的人际沟通能力、团队建设能力、组织开拓能力
	素质要求	敏锐的市场洞察力、卓越的市场管理视野和大局观；责任心强、高度的工作热情
定义任职资格须知	上述内容仅供参考，具体工作年限要求请结合行业特征自行规定。注意学历的折算关系，如大专学历和本科学历差额 2 年可以弥补大专学历差异。	

五、市场人员 KPI 考核指标

市场策划要按照不同类型人员有侧重点地进行考核：

- 市场人员：重点考核所负责具体任务完成的进度和质量；
- 市场部经理：重点考核部门市场工作完成进度、质量、市场推广效果以及企业领导对市场工作的满意度；
- 市场总监：重点考核市场总体规划、市场管理制度建设以及市场工作计划完成结果和市场宣传效果等。

六、市场人员考核指标量化

市场人员绩效考核的价值导向是引导被考核人不断做好市场创新规划工作，不断提升企业产品的市场占有率。

市场人员 KPI 考核框架设计参考如下：

表 6-2　市场人员 KPI 考核框架设计参考

职位名称	考核指标	权重	考核指标描述	考核数据来源
市场人员	工作进度	40%	所负责工作按照部门计划要求的完成进度，按照实际完成进度得分	部门经理评价
	工作质量	30%	所负责工作按照部门计划要求的完成质量	部门经理评价
	策划效果	20%	市场策划实施效果	部门经理评价
	素质考评	10%	敬业精神和创新意识等	部门经理评价

续表

职位名称	考核指标	权重	考核指标描述	考核数据来源
市场部经理	市场计划	40%	市场部门的管理计划执行力	市场总监
	市场分析	20%	市场分析报告是否准确	市场总监
	活动组织	20%	活动策划和组织活动是否有序，目标客户是否挖掘到位，活动是否达到预期目的	市场总监
	对外宣传	10%	企业对外宣传是否经济、高效，品牌知名度是否在提升	市场总监
	素质考评	10%	敬业精神和创新意识等	市场总监
市场总监（CMO）	市场工作规划	30%	市场管理战略规划能力和执行力	企业主管领导
	市场分析	30%	市场分析判断是否准确，商机策划是否有眼光	企业主管领导
	营销活动	20%	活动策划和活动组织是否有序，目标客户是否挖掘到位，活动是否达到预期目的	企业主管领导
	对外宣传	10%	企业对外宣传是否经济、高效，品牌知名度是否在提升	企业主管领导
	素质考评	10%	规划能力、执行力以及良好的沟通能力	企业主管领导
定义 KPI 考核指标须知	1. 考核权重要依据企业发展战略和年度经营管理指标来平衡确定； 2. 素质考评可参考各个职位的任职资格来完善； 3. 本表按照假设的汇报关系来设定考核负责人，请根据实际情况调整。			

七、市场人员绩效考核激励模式

市场人员可通过规范的岗位职责说明书制定不同岗位（职务）的 KPI 绩效指标，或者按照绩效考核任务书考核具体任务完成目标。

市场人员的创造性非常重要，考核总分数要从鼓励创新角度予以适当加分（考核表中需要制定加分规则）。

此外，对于市场策划方案实施效果评价特别差的，要通过绩效考核体现出来。

八、市场人员薪酬模式选择

市场人员在选择薪酬模式时，可按照以下优先级考虑：

表 6-3　市场人员薪酬模式选择

优先级	薪酬模式	实施要点
1	基于能效	能力和任职资格挂钩，绩效和实际业绩挂钩
2	基于市场	按照市场价格来给予薪酬
3	基于职能	按照任职资格定义专业人员薪酬，企业对于不同类型专业人员要有明确的任职资格定义和资格评审
4	基于岗位	主要依据岗位在企业内的相对价值为员工付酬
5	基于绩效	要有明确的年度 KPI 任务考核，考核结果和绩效薪酬挂钩

九、市场人员薪酬激励模式

市场人员的薪酬激励可通过有效的绩效工资和绩效挂钩来实现。

鉴于市场策划工作实施的周期比较长，薪酬激励还可以和项目奖（如“市场策划方案实施奖”）乃至年终奖励等挂钩。

市场总监等核心骨干人员可纳入股权激励等中长期激励模式。

十、市场管理配套管理制度

市场部涉及的管理制度有很多，为了确保市场部相关岗位绩效考核和岗位职责相对应，常见的主要参考制度就是《市场策划管理规章制度》。

该项管理制度要对市场调研活动、市场调研报告书写规范、市场调研费用预算管理、品牌宣传活动计划、品牌策划方案制订规则以及公关计划的落实等作出明确的规定。

第七章

营销人员绩效考核与薪酬激励

本章导读

- 企业营销管理的主要目标有哪些?
- 营销部门 KPI 考核指标有哪些?
- 营销人员工作有哪些典型特征?
- 营销人员任职资格有哪些标准?
- 营销人员 KPI 考核指标有哪些?
- 营销人员考核指标应该如何量化?
- 营销人员考核与激励是什么关系?
- 营销人员薪酬模式应该如何选择?
- 营销人员薪酬激励有什么模式?
- 营销管理相关配套制度有哪些?

营销是一种现代经营管理思想，其核心是以消费需求为导向。营销围绕的核心是消费者，消费者或客户需求什么就生产、销售什么，这是一种由外向内的思维方式。销售主要是以固有产品或服务来吸引和寻找顾客，销售围绕的中心是产品。与营销相比，销售恰恰是一种由内向外的相反思维方式。

从一定意义上来讲，营销是战略，销售则是具体战术。企业的营销往往需要以更加长远的眼光来确定大的战略方向和目标，以切实有效的销售战术和谋略来达成中短期销售目标。

无论是营销还是销售，最终都要以企业销售目标作为业绩的最终考核点。当然，大中型企业一般设立营销中心，而小企业设立销售部就可以了。

一、企业营销主要管理目标

目标 1　全面实现企业营销过程中“赢”的市场目标

目标 2　通过有效的销售策略实现企业产品总体销售目标

目标 3　有效控制销售成本确保销售利润的最大化

图 7-1　企业营销管理的三大目标

二、营销部门 KPI 考核指标

营销部门主要考核指标包括营销战略规划、营销实施计划、部门销售额、销售毛利润、回款额、不同级别客户拓展数量等指标。

此外，为了鼓励营销人员超额完成任务，可以设定超额完成任务的奖励方式。

三、营销人员主要工作特征

在现代市场经济条件下，企业的营销队伍对企业的生存和发展所起的重要作用是不言而喻的。营销工作具有很强的独特性：

- 平时或周末工作时间不固定；
- 工作过程很难得到有效监控；
- 业绩不稳定无法准确预测；
- 只能按照业绩的结果考核；
- 人员流动性强、稳定性差。

营销工作的这些特点决定了营销人员本身也有其独特的个性。

四、营销人员典型任职资格

营销人员是企业经济效益的直接创造者和实现者，他们通过自己的销售行为把企业的生产与市场联系起来，实现企业产品和服务的价值。对营销人员任职资格考核的重点是营销人员如何深入掌握竞争对手产品知识以及捕捉商机和产品销售的能力。

营销人员任职资格框架设计参考如下：

表 7-1　营销人员任职资格框架设计参考

职位（级别）名称	类　别	任职资格描述
销售工程师	基本条件	大专以上学历；具有同类行业 1—2 年以上销售经验
	必备知识	基本销售技巧
	能力要求	与所处行业各相关部门主管建立良好关系并进行关系维护；具备所辖市场的销售能力；具有优秀的客户服务意识
	素质要求	具备一定的营销人员的潜质和素质；初步具有比较敏锐的市场意识；善于和客户沟通；善于捕捉销售商机
高级销售工程师	基本条件	本科以上学历，工作年限至少 3 年（含）以上；或者大专学历，工作 5 年以上具有同类行业 3 年以上销售经验
	必备知识	比较丰富的销售知识和技巧
	能力要求	具备所辖市场的产品营销策划和销售能力；具有优秀的客户服务意识
	素质要求	具备销售经理的职业素质；对于销售项目有很强的把控能力
营销部经理（销售部经理）	基本条件	本科以上学历，工作年限 5 年（含）以上；具备较强的语言表达沟通能力；具有同类行业 5 年以上销售经验；具有优秀的销售团队管理能力
	必备知识	销售管理知识；深入掌握竞争对手产品知识
	能力要求	营销战略规划和营销实施计划制订能力；优秀的战略战术执行力；非常敏锐的市场意识和客户服务意识
	素质要求	精通商务礼仪；具备很强的销售技能、深谙销售运作技巧；善于策划和运作项目
营销总监（销售总监）	基本条件	本科以上学历，工作年限至少 8 年（含）以上；具备较强的语言表达沟通能力；具有同行业 6 年以上销售经验
	必备知识	深入掌握竞争对手产品知识；高超的销售管理知识和管理艺术
	能力要求	营销战略规划和营销实施计划制订能力；全面掌握竞争对手产品特征；具有敏锐的市场意识等
	素质要求	具备销售总监的职业素质；具有领导力、大局观、市场布局和开拓意识以及团队作战的优秀品质
定义任职资格须知	上述内容仅供参考，具体工作年限要求请结合行业特征自行规定。注意学历的折算关系，如大专学历和本科学历差额 2 年可以弥补大专学历差异。	

五、营销人员 KPI 考核指标

营销人员的绩效考核：对于营销人员，要建立清晰的营销战略规划、营销工作计划、销售额、毛利润、项目回款等考核指标，鼓励超额、高质量完成销售任务；对于市场人员，要严格考核市场工作计划执行力、市场分析准确度、营销活动组织的目标实现结果以及对外宣传的实际效果调查等。在具体实践中，可采用目标考核法、KPI 考核法等来落实。

六、营销人员考核指标量化

营销人员绩效考核价值导向是鼓励营销人员超额、高质量地完成销售任务，同时严控销售成本。

营销人员 KPI 考核框架设计参考如下：

表 7-2　营销人员 KPI 考核框架设计参考

职位名称	考核指标	权重	考核指标描述	考核数据来源
销售工程师	销售额	30%	销售任务完成情况	财务部
	毛利润	20%	销售毛利润	财务部
	销售成本	20%	销售成本是否超预算	财务部
	营销计划落实	20%	营销计划落实力	营销部
	综合素质	10%	抗压能力、公关能力、销售技能、客户意识等	营销部

续表

职位名称	考核指标	权重	考核指标描述	考核数据来源
高级销售工程师	销售额	40%	销售任务完成情况	财务部
	毛利润	20%	销售毛利润	财务部
	销售成本	20%	销售成本是否超预算	财务部
	营销计划落实	10%	营销计划执行力	营销部
	综合素质	10%	抗压能力、公关能力、销售技能、客户意识等	营销部
营销部经理（销售部经理）	营销计划	30%	营销计划实施效果	营销部
	销售任务	20%	销售任务完成情况：完成满分，低于某个下限值为零分，中间值按比例计算具体得分	财务部
	毛利润	20%	销售毛利润	财务部
	销售成本	20%	销售成本是否超预算	财务部
	综合素质	10%	公关能力、销售技能、销售策略、客户意识等	营销部
营销总监（销售总监）	营销战略规划	30%	企业营销战略战术管理和实施的有效性	企业主管领导
	销售额	30%	年度销售任务	财务部
	利润率	10%	销售毛利润	财务部
	销售成本	10%	销售成本是否在预算之内	财务部
	销售管理	10%	对营销人员日常管理是否规范到位	企业主管领导
	综合素质	10%	营销战略规划能力、公关能力、销售技能、销售策略、客户意识等	企业主管领导
定义 KPI 考核指标须知	1. 除了业务之外，营销人员综合素质考评要素主要包括公关能力、销售技能、销售策略、客户意识以及创新精神等，这些综合素质的考评主要通过日常管理来体现，诸如考勤管理、劳动纪律管理等； 2. 素质考评可参考各个职位的任职资格来完善； 3. 本表按照假设的汇报关系来设定考核负责人，请根据实际情况调整。			

七、营销人员绩效考核激励模式

营销人员考核可通过年度绩效考核任务书制定具体的销售 KPI 考核指标实现。

营销人员的业绩导向和创新销售模式非常重要，考核总分数要从鼓励销售思维模式和销售模式创新角度予以适当加分。

对于销售业绩特别差的，要通过绩效考核降薪等方式有效体现出来，销售所承担目标和绩效工资离散比率挂钩。此外考核分数与绩效薪酬挂钩，以体现被考核者真实的绩效。

八、营销人员薪酬模式和薪酬结构

企业要结合业务和产品特征选择最适合企业的薪酬模式和方案，以充分调动营销人员的积极性。在选择薪酬模式时，可按照以下优先级考虑：

表 7-3　营销人员薪酬模式选择

优先级	薪酬模式	实施要点
1	基于能效	销售能力和任职资格挂钩，销售绩效和实际业绩挂钩
2	基于绩效	要有明确的年度 KPI 任务考核，考核结果和绩效薪酬挂钩
3	基于市场	按照市场价格来给予薪酬
4	基于职能	按照任职资格定义专业人员薪酬，企业对于不同类型的专业人员要有明确的任职资格定义和资格评审
5	基于岗位	主要依据岗位在企业内的相对价值为员工付酬

基于上述薪酬模式演化的薪酬结构参考如下：

表 7-4　营销人员薪酬结构选择

薪酬模式	模式定义	主要优点	主要缺点	适合企业
纯工资模式	销售业绩和收入不关联，按照职务定义工资待遇	营销人员安全感比较好	缺乏竞争，未能体现多劳多得	公司产品特别畅销甚至供不应求
底薪＋提成	除固定工资外，按照销售额一定比例作为提成（佣金），这是一种比较常见的销售薪酬模式	固定薪酬有安全感，同时销售业绩和收入挂钩有一定激励作用	薪酬设计比较复杂，提成模式和比例如果不清晰，容易产生纠纷	技术含量低、销售范围广的产品可采用低底薪，专业性强、技术含量高的产品可采用高底薪
底薪＋奖金	在上述模式基础上，根据销售业绩发放奖金的模式	同上	同上	产品上市知名度低，市场开拓存在一定困难
底薪+提成+奖金	类似底薪加提成模式，只不过激励层次更多	同上	同上	公司计划快速开拓市场，加大激励力度
职级工资制	任职资格不同，销售任务指标不同	销售能力和目标对应，任职资格提升有一定激励作用	任职资格认证比较复杂	公司建立规范的任职资格体系，产品成熟度、稳定度比较高

营销人员提成模式是企业针对营销人员经常采用的激励模式。

销售提成（佣金）是营销人员收入的重要来源，这种提成的好处是销售业绩和收入挂钩，多劳多得的方式可以调动营销人员的积极性。在管理实践中要特别注意的是，销售提成要结合不同产品特点制定差异化的提成方式，不能实行“一刀切”。为了激励员工销售业绩做得更好，可以采用阶梯提成模式。

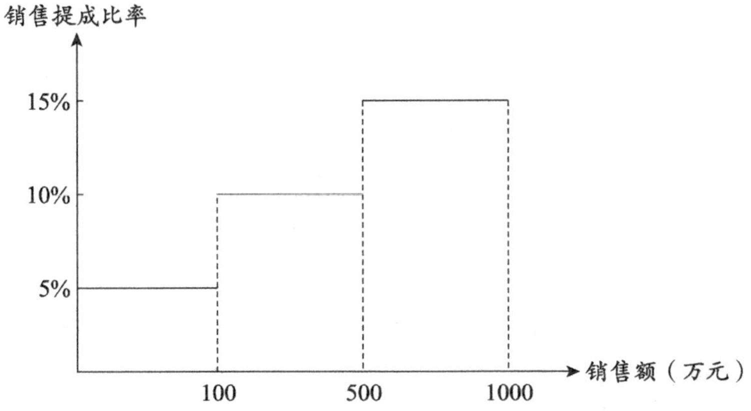

图 7-2　阶梯提成模式

关于销售提成比例设计，参考表单如下：

表 7-5　销售提成比例确认单

职　级	销售额	提成比例	备　注
销售部经理	10000 万元以上	4%	
	5000 万—9999 万元	3%	
	4999 万元以下	2%	
销售主管	1000 万元以上	7%	
	501 万—999 万元	5%	
	500 万元以下	3%	
销售员	200 万元以上	10%	
	101 万—199 万元	7%	
	100 万元以下	4%	
销售提成确认规则			
提成兑现时机			
销售提成总体规则	1. 销售部经理提成比例依据所有营销人员的销售总额核算，个人单独完成项目单独核算； 2. 销售主管提成依据所管理的人员团队计算销售总额核算，个人单独完成项目单独核算； 3. 销售员的提成依据个人销售业绩； 4. 营销人员职级越高，提成比例就越低，越是底层销售员，提成比例越高。		

（1）关于销售提成规则

主要是避免销售额确认出现分歧，目前常见的销售提成方式分为按照业务量、合同额、毛利润、回款额、项目等不同设计模式：

- 业务量：如产品销售额、销售数量等作为提成依据；
- 合同额：按照签约合同的金额作为提成比例；
- 毛利润：按照销售合同计算出的毛利润计算提成额，这种方法在实践中要注意毛利润的计算方式，并且须得到所有营销人员的认可，否则会引起争议；
- 回款额：项目签订合同不会马上回款，这种销售提成方式的好处是督促营销人员签订合同后督促回款，并且按照回款额计算提成；
- 项目提成：这种方式可以依据项目总额，也可以依据项目回款额或者项目毛利润来计算提成。

此外，公司为了激励团队，还可以销售团队或者小组为单位进行设计提成。

（2）关于提成兑现时机

- 周期兑现法：如每月、每季度、半年或者年度兑现；
- 事件发生法：如销售合同签订、合同首付款到账、尾款到账等。

九、营销人员薪酬激励模式

上述薪酬模式里面已经涉及佣金、奖金等激励模式。在现实工作中，有的企业实行提成制（佣金＋奖金），有的根据完成业绩实行薪酬职级制管理。

具体哪种方式更好，对比分析如下：

表 7-6　营销人员薪酬激励模式选择

激励模式	模式优点	模式缺点	选择要点
提成制	直接和销售额等利益挂钩	企业提成可能失控	要看企业激励的承受能力
奖金制	和销售完成的结果挂钩	奖金数额和努力程度不挂钩可能失去激励的效力	奖金可以和销售业绩大数挂钩

续表

激励模式	模式优点	模式缺点	选择要点
职级制	根据营销人员任职资格（能力）确定薪酬等级，没有提成的管理后遗症	没有和销售额直接挂钩，可能造成营销人员失去激励	任职资格和绩效考核的利益挂钩模式需特别明确

小贴士

每种激励模式都有明显的优缺点，提成制适合成熟、规范的产品，奖金制适合企业容易销售的产品，职级制（任职资格）适合企业中长期销售项目的运作，具体选择时要根据企业产品的特征来确定。

十、营销人员配套管理制度

营销涉及的管理制度有很多，其中最常见的主要参考制度就是《营销日常管理制度》和《营销人员绩效考核和激励实施细则》。

《营销日常管理制度》详细制定了营销人员日常费用报销、预算对应费用核算、日常行为规范的规定，该项制度可提炼营销人员日常基本素质评价的基础管理指标。

《营销人员绩效考核和激励实施细则》则是对营销人员特有的考核指标、销售提成、营销人员薪酬模式和薪酬结构、销售奖励等作出明确的规定。《营销人员绩效考核和激励实施细则》可作为营销人员业务考核 KPI 的关键依据。

第八章

项目管理人员绩效考核与薪酬激励

本章导读

- 企业项目管理的主要目标有哪些?
- 项目管理部门 KPI 考核指标有哪些?
- 项目管理人员工作有哪些典型特征?
- 项目管理人员任职资格有哪些标准?
- 项目管理人员 KPI 考核指标有哪些?
- 项目管理人员考核指标应该如何量化?
- 项目管理人员考核与激励是什么关系?
- 项目管理人员薪酬模式应该如何选择?
- 项目管理人员薪酬激励有什么模式?
- 项目管理相关配套制度有哪些?

项目管理是为了使项目取得成功所进行的全过程、全方位的规划、组织、控制与协调，主要是用系统工程的观念、理论和方法进行管理，项目管理的目标就是项目成功的目标。

一、企业项目管理主要工作目标

目标 1	制订项目计划，保证项目按进度完成
目标 2	保证项目的质量符合客户的各项要求
目标 3	控制项目实施成本，提高项目利润率

图 8-1　企业项目管理的三大目标

二、项目管理部门 KPI 考核指标

项目管理部常见考核指标包括项目进度符合率、项目质量合格率、项目成本有效控制率、项目质量事故发生次数控制、项目问题和风险管理以及项目客户满意率等。

三、项目管理人员主要工作特征

现代企业管理中已经不存在放之四海而皆准的项目管理模式，项目管理

的目标导向、资金限制和项目进度以及质量等约束性要求，都构成了项目管理的制约要素。

为了实现企业项目的有效管理，项目经理的能力要求主要包括项目管理技能、业务把控能力、团队管理能力、沟通能力。此外，项目经理要有强烈的客户服务意识。

四、项目管理人员典型任职资格

表 8-1　项目管理人员任职资格框架设计参考

职位名称	类　别	任职资格描述
项目经理	基本条件	本科以上学历；项目管理或企业管理等相关专业；从事项目管理工作 3 年以上
	必备知识	项目管理方面的知识
	能力要求	对项目管理具有高度责任感；具备良好的文字表现能力和良好的组织能力、沟通能力与协调能力
	素质要求	工作敬业、高效；良好的团队合作意识
项目部经理	基本条件	本科以上学历；项目管理或企业管理等相关专业；从事项目管理工作 5 年以上
	必备知识	精通项目管理、合同管理、财务基本知识等方面知识
	能力要求	熟悉项目管理方法和管理工具；熟悉项目管理流程；沟通协调能力强；具有良好的团队合作精神
	素质要求	优秀的团队精神；良好的沟通能力
项目总监	基本条件	本科以上学历；项目管理或企业管理等相关专业；从事项目管理工作 8 年以上
	必备知识	丰富的项目管理知识和丰富的实战经验
	能力要求	优秀的项目管理能力；丰富的项目实施经验；具有良好的职业道德操守；有良好的分析能力、管理思路和方法；有较强的执行力
	素质要求	卓越的项目管理视野和大局观；责任心强、工作热情高；情商高、抗压能力强
定义任职资格须知	上述内容仅供参考，具体工作年限要求请结合行业特征自行规定。 注意学历的折算关系，如大专学历和本科学历差额 2 年可以弥补大专学历差异等。	

五、项目管理人员 KPI 考核指标

项目管理人员考核指标非常丰富，如独立操作项目的能力、项目实施规范性、项目的完成进度、项目完成质量、项目的监控能力、项目成本控制以及客户满意率等。

六、项目管理人员考核指标量化

表 8-2　项目管理人员 KPI 考核框架设计参考

职位名称	考核指标	权重	考核指标描述	考核数据来源
项目经理	项目进度	40%	项目进度能否有效控制	项目部经理评价
	项目质量	30%	项目质量是否有效控制	项目部经理评价
	项目成本	10%	项目成本是否在预算之内	项目部经理评价
	客户满意度	10%	客户满意度调查结果	项目部经理评价
	综合素质考评	10%	敬业精神、抗压能力等	项目部经理评价
项目部经理	项目进度	30%	项目总体进度	项目总监评价
	项目质量	20%	项目实施质量	项目总监评价
	项目成本	20%	项目总成本是否在预算之内	项目总监评价
	项目问题处理	10%	项目问题处理	项目总监评价
	客户满意度	10%	客户满意度	项目总监评价
	综合素质考评	10%	敬业精神和创新意识等	项目总监评价
项目总监	项目进度	20%	项目总体进度是否可控	企业主管领导
	项目质量	20%	项目质量	企业主管领导
	项目成本	20%	项目总成本是否可控	财务部
	项目风险控制	20%	项目不出现重大风险	企业主管领导
	客户满意度	10%	客户满意度调查	质量部
	综合素质考评	10%	规划能力、执行力以及良好的沟通能力	企业主管领导

续表

定义 KPI 考核指标须知	1. 考核权重要依据企业发展战略和年度经营管理指标来平衡确定； 2. 综合素质考评可参考各个职位的任职资格来完善； 3. 本表按照假设的汇报关系来设定考核负责人，请根据实际情况调整。

七、项目管理人员绩效考核激励模式

项目管理人员考核可通过岗位职责说明书、项目考核任务书等方式制定不同岗位（职务）的 KPI 绩效考核标准。

对于项目管理总体评价特别差的，或者由于项目管理工作失误给公司造成重大经济损失的（如重大项目管理事故等），要通过绩效薪酬体现出来。

八、项目管理人员薪酬模式选择

项目管理是一门对管理专业性、管理技能和技术背景要求特别高的管理岗位，企业在选择质量项目管理人员薪酬模式时，可按照以下优先级考虑：

表 8-3 项目管理人员薪酬模式选择

优先级	薪酬模式	实施要点
1	基于能效	能力和任职资格挂钩，绩效和实际业绩挂钩
2	基于职能	按照任职资格定义专业人员薪酬，企业对于不同类型专业人员要有明确的任职资格定义和资格评审
3	基于岗位	主要依据岗位在企业内的相对价值为员工付酬
4	基于绩效	明确 KPI 考核指标，考核结果和绩效薪酬挂钩
5	基于市场	不推荐（高端人才，如项目总监，可按照市场价格来确定薪酬）

九、项目管理人员典型激励模式

企业项目管理人员的薪酬激励可通过有效的绩效工资和绩效挂钩来实现，任职资格和基本工资关联。

对于企业重大项目，可实施项目奖来激励项目实施团队。

项目管理核心骨干人员可纳入股权激励等中长期激励模式。

十、项目管理人员配套管理制度

企业项目管理涉及的管理细节很多，为了确保项目管理人员绩效考核和岗位职责相对应，常见管理制度参考如下：

- 《公司项目管理制度》
- 《项目绩效考核实施管理细则》

第九章

研发人员绩效考核与薪酬激励

本章导读

- 企业研发管理的主要目标有哪些?
- 研发部门 KPI 考核指标有哪些?
- 研发人员工作有哪些典型特征?
- 研发人员任职资格有哪些标准?
- 研发人员 KPI 考核指标有哪些?
- 研发人员考核指标应该如何量化?
- 研发人员考核与激励是什么关系?
- 研发人员薪酬模式应该如何选择?
- 研发人员薪酬激励有什么模式?
- 研发管理相关配套制度有哪些?

研发人员属于典型的高智力投入知识型员工，具备专门的知识和技能，与从事生产的员工相比，更注重工作的自主性、个性化和多样化，更重视自我价值的实现。因此，研发人员的考核思路、考核指标以及薪酬模式都有其独有特征。

一、企业研发管理主要目标

目标 1　企业产品研发进度得到有效的控制

目标 2　企业研发产品的质量得到有效提升

目标 3　企业研发产品成本得到有效的控制

图 9-1　企业研发管理的三大目标

二、研发部门 KPI 考核指标

研发部门常见考核指标包括项目研发计划实施进度、质量和成本控制。对于创新高度重视的企业，还要以科研创新指标作为引导指标。

项目进度的考核要依据外部客观环境和内部人力资源条件作出相对公平的评价。

对于公司有历史基线（参考数据）的，项目研发成本可依据历史基线进行考核，这样考核更有针对性和可量化性。

三、研发人员主要工作特征

业界总结的研发人员的主要特征为：

- 智力要求高：研发人员是脑力劳动者，完全靠智力成果体现价值；
- 业绩难衡量：研发项目是高智商活动，工作难度大，业绩显现周期长；
- 流动性较高：对企业氛围、个人价值认可度以及人际关系敏感，如果人才稀缺，研发人员的稳定性会很差，流动性很高。

由于研发人员拥有高技术、高教育的背景，他们在工作方面表现出来的特征与传统类型的员工有着明显不同，这些特征主要表现在对专业领域的忠诚度和对工作环境的要求等方面。

研发人员的劳动过程大多依靠大脑的思维进行，他们的工作产物属于智力成果，需要许多时间来思考、计划、搜寻信息及寻找灵感。在这种情况下，许多事情无法被观察，其工作绩效往往需要时间的检验才能见分晓，有的时候阶段创造性的成果难以测量。研发人员从事的工作在很大程度上依赖于自身智力的投入，产品无形，难以准确度量。

四、研发人员典型任职资格

研发人员是很多企业产品研发的核心部门，需要结合企业实际情况列举必备的知识，在能力方面要突出学习能力和钻研能力。

研发人员任职资格框架设计参考如下：

表 9-1　研发人员任职资格框架设计参考

职位名称	类　别	任职资格描述
初级研发工程师	基本条件	大专以上学历，工作经验可以从零起步
	必备知识	（根据企业实际业务定义必备知识和技术能力）
	能力要求	能在直接上级指导下完成相关模块的研发工作，具有相关业务的学习能力
	素质要求	刻苦钻研精神
研发工程师	基本条件	大专以上学历，业务相关技术领域 2 年以上经验
	必备知识	（根据企业实际业务定义必备知识和技术能力）
	能力要求	能在直接上级指导下完成多数模块的研发工作，具有业务快速学习的能力
	素质要求	刻苦钻研精神
高级研发工程师	基本条件	大专以上学历，业务相关技术领域 5 年以上经验
	必备知识	（根据企业实际业务定义必备知识和技术能力）
	能力要求	具有业务快速学习和解决多数实际研发问题的能力
	素质要求	热爱研发工作，敬业勤奋
技术总监	基本条件	大专以上学历，业务相关技术领域 8 年以上经验
	必备知识	（根据企业实际业务定义必备知识和技术能力）
	能力要求	具有解决所有实际研发问题的能力
	素质要求	具有优秀的团队合作精神、带队研发能力以及突击能力，工作敬业、高效，目标导向意识明确
定义任职资格须知	上述内容仅供参考，具体工作年限要求请结合行业特征自行规定。注意学历的折算关系，如大专学历和本科学历差额 2 年可以弥补大专学历差异等。	

五、研发人员 KPI 考核指标

研发人员工作成果的考评标准，通常是通过对研发任务进行层层的分配与目标确认，要求每个人根据其所承接的任务，给出自己的工作计划。考核工作是审核其工作计划的合理性，并且根据这些工作计划来评估研发进度、研发规范和研发质量等关键指标，从而对研发人员的工作业绩进行考核。此外，如果公司研发产品实行战略领先的策略，则需要考核研发创新指标。

研发人员绩效考核指标提炼思路见下表：

表 9-2　研发人员绩效考核指标提炼

岗位职责	可量化项目名称	提炼 KPI 考核指标	考核指标定义
项目研发进度要符合公司总体要求	项目研发进度	A 产品研发进度	按照进度完成得满分，进度严重延迟得 × 分，一般延迟得 × 分
		B 产品研发进度	
		……	
项目研发成本要在预算范围之内	项目研发成本控制	A 产品研发成本控制	产品上线后发生重大质量投诉每次扣 5 分，小事故扣 3 分
		B 产品研发成本控制	
		……	
项目研发质量要有保证机制	项目研发质量	产品上线后质量、性能稳定性	产品上线后发生重大质量投诉每次扣 5 分，小事故扣 3 分
		质量事故发生次数	
研发技术和市场的创新	研发产品创新	研发产品创新是否能够快速满足市场需求	结合市场需求积极主动研发创新产品：积极主动得满分；不积极得 × 分；消极或没有任何创新思维得 0 分

企业的研发不是独立的，需求来自市场，因此要以市场为导向，同时要和财务对成本的控制相关联。对于研发人员的考核，要逐步引导被考核人，保证他们能按时高质量完成任务，不断提升企业产品质量，控制研发成本投入，确保研发产品快速投入市场并产生效益。

六、研发人员考核指标量化

研发人员 KPI 考核框架设计参考如下：

表 9-3 研发人员 KPI 考核框架设计参考

职位名称	考核指标	权重	考核指标描述	考核数据来源
初级研发工程师	研发进度	30%	任务完成进度要求，要有明确的任务描述	直接主管
	研发质量	30%	研发完成质量	质量部
	研发规范	20%	执行项目管理规范，提升产品质量	质量部
	综合素质	20%	包括执行力，敬业精神和团队合作精神等	直接主管
研发工程师	研发项目进度	30%	任务完成进度要求，要有明确的任务描述	直接主管
	研发项目质量	30%	研发完成质量	质量部
	研发项目规范	20%	执行项目管理规范，提升产品质量	质量部
	综合素质	20%	包括执行力，敬业精神和团队合作精神等	直接主管
高级研发工程师	研发项目进度	30%	任务完成进度要求，要有明确的任务描述	直接主管
	研发项目质量	30%	研发完成质量	质量部
	研发项目规范	20%	执行项目管理规范，提升产品质量	质量部
	综合素质	20%	包括执行力、敬业精神和团队合作精神等	直接主管

续表

职位名称	考核指标	权重	考核指标描述	考核数据来源
技术总监	研发总体进度	30%	是否满足企业总体研发任务完成进度要求	企业主管领导
	研发质量控制	30%	研发完成质量	质量部
	研发成本控制	20%	企业研发成本控制	财务部
	外部对接能力	10%	研发产品与企业市场和产品的对接能力	市场部、产品部
	综合素质	10%	包括执行力、敬业精神和团队合作精神等	企业主管领导
定义 KPI 考核指标须知	1. 以“进度 + 质量 + 规范”的模式来体现一个研发员工工作业绩和执行力； 2. 高效的人才能创造更高的价值，企业要逐步优化效率低下的人员； 3. 素质考评可参考各个职位的任职资格来完善； 4. 本表按照假设汇报关系来设定考核负责人，请根据实际情况调整。			

七、研发人员绩效考核激励模式

研发人员考核可通过岗位职责说明书或者项目任务书等方式制定不同研发岗位（职务）的 KPI 绩效考核指标。

研发人员的研发创造性非常重要，考核总分数要从鼓励创新角度予以适当加分（制定加分规则）。

此外，对于研发进度和质量评价特别差的，要通过绩效考核体现出来。

八、研发人员薪酬模式选择

研发能力是企业竞争力的关键，研发人员在选择薪酬模式时，可按照以下优先级考虑：

表 9-4 研发人员薪酬模式选择

优先级	薪酬模式	实施要点
1	基于能效	研发能力和任职资格挂钩，绩效和实际业绩挂钩
2	基于市场	按照研发人员市场价格来给予薪酬，适合中高端人才
3	基于职能	员工所具备的技能水平越高，薪酬待遇越高
4	基于岗位	主要依据岗位在企业内的相对价值为员工付酬
5	基于绩效	要有明确的 KPI 任务考核，考核结果和绩效薪酬挂钩

研发人员薪酬模式和薪酬结构选择有以下两项原则：

- 正向激励为主的原则。不能严格按照进度等要素考核，除非企业研发人员数量充足。
- 建立面向结果的导向机制。公司要以历史经验和积累数据为衡量依据，让研发人员尽可能得到有效的、合理的激励。

研发人员薪酬结构参考如下：

表 9-5 研发人员薪酬结构选择

薪酬模式	模式定义	主要优点	主要缺点	适合企业
固定工资模式	采用高工资的方法	研发人员安全感比较好	缺乏竞争，没有体现多劳多得	基础研究企业
工资 + 科研项目提成	科研成果产生经济效益后按照销售提成	科研面向市场，避免研发失去市场基础	科研成果提成计算方式比较复杂	产品完全面向市场的企业
工资 + 项目奖金	参与项目的研发人员享受项目奖的待遇	参与研发项目多，多劳多得	项目奖金内部如何平衡，实际激励效果很难评估	产品计划快速推向市场的企业
工资 + 项目提成 + 奖金	上述方式综合	多层次激励模式	计算方式复杂	同上
职级工资制	任职资格不同，销售任务指标不同	研发能力（成果）和任职资格挂钩，体现激励作用	任职资格认证比较复杂	建立规范的任职资格体系的企业

九、研发人员典型激励模式

研发人员的激励，可以采用以下几种模式：

表 9-6　研发人员激励模式选择

薪酬模式	适合范围	激励实施要点
任职资格激励	所有研发人员	按照任职资格定义研发人员的薪酬
项目实施奖激励	成熟的研发项目团队	将项目实施进度和研发奖金进行挂钩
研发项目奖激励	企业设立独立项目奖	在绩效奖金基础上，设立单独的项目目标奖励，同时设定奖励的条件

小贴士

研发人员的激励要依据企业激励承受能力来设计，富有激励的薪酬对研发人员积极性、主动性的调动是十分必要的。

十、研发人员配套管理制度

研发人员还可以采用《研发项目奖金管理办法》和《技术创新奖励管理办法》等具体配套制度体系来进行有效的激励。

【范例】企业研发项目奖励管理办法

1. 目的

为激励公司研发人员的创造性和面向市场的创新能力，不断提升公司产品的开发质量和研发竞争力，特制定本办法。

2. 适用范围

本办法适用于公司研发项目的奖励。

3. 研发项目奖金

项目研发奖金和项目毛利润挂钩，同时依据难度系数和项目人员投入规模核算最终目标奖金。

项目目标奖金通过项目立项申请表由公司薪酬领导小组审议确定。

4. 研发小组考核

研发人员按照公司统一的绩效考核管理制度进行考核。

研发项目按照公司统一审批的项目考核审批表进行考核，主要考核研发进度、研发质量、研发成本投入以及研发创新等指标。

5. 项目奖金分配

项目结项后，公司通过研发项目考核来确定项目最终奖金包数据。

项目综合考核 80 分以上（含）有资格获得研发项目奖。

项目综合考核 70 分以下（含）失去研发项目奖的资格。

项目最终获得奖金包 = 目标奖金包 × 研发项目绩效评分 /100 × 100%

6. 研发项目奖的分配

项目奖金包确认表经过公司领导审批通过后，由研发经理根据项目成员投入工时、承担压力系数以及贡献系数等要素，最终确认项目奖励分配方案审批表。

项目奖励分配方案审批表经公司领导审批通过后，提交人力资源部和财务部，以发放研发项目奖。

7. 相关记录

项目立项审批表

研发项目奖金确认表

研发项目奖励分配方案审批表

8. 办法生效

本项管理办法自 20×× 年 ×× 月 ×× 日生效。

本项管理办法最终解释权归人力资源部所有。

小贴士

上述管理办法只是提供了制度框架，具体内容请根据企业实际情况完善。

第十章

工程人员绩效考核与薪酬激励

本章导读

- 企业工程管理的主要目标有哪些?
- 工程部门 KPI 考核指标有哪些?
- 工程人员工作有哪些典型特征?
- 工程人员任职资格有哪些标准?
- 工程人员 KPI 考核指标有哪些?
- 工程人员考核指标应该如何量化?
- 工程人员考核与激励是什么关系?
- 工程人员薪酬模式应该如何选择?
- 工程人员薪酬激励有什么模式?
- 工程管理相关配套制度有哪些?

一、企业工程管理主要目标

企业工程项目是指需要投入一定量的资本、实物资产，有预期的经济社会目标、经济目标和质量要求等，在一定约束条件下经过规划、决策并实施的一系列工作和努力。

对于不同类型的企业，工程项目定义不同，如房地产工程项目、软件工程项目，都有很大的不同，但是企业工程的特征是一致的。

- 目标 1　按照计划进度完成工程项目
- 目标 2　按照质量要求完成工程项目
- 目标 3　按照工程规范完成工程项目
- 目标 4　严格控制工程实施的总成本
- 目标 5　持续提升公司客户的满意度

图 10-1　企业工程管理的五大目标

二、工程部门 KPI 考核指标

工程部门主要考核指标包括工程项目进度、工程项目质量、项目实施成本、项目实施规范性以及客户满意度等。

对于工程部门的项目管理人员，除上述考核指标外，还要考核项目管理的能力和素质。

三、工程项目主要管理特征

工程人员所承担的工程项目的主要特征为：

（1）工程项目是在一定时期内为实现一定实施目标而设计的，项目具有明确的功能和时限、进度和成本投入控制等要求；

（2）工程项目是为实现一定功能而设计的，项目有特定功能需求；

（3）工程项目有清晰的实施范围。

四、工程人员典型任职资格

工程人员是企业研发产品工程实施的成员，主要能力表现在工程实施规范管理、文档学习和编写能力。

工程人员任职资格框架设计参考如下：

表 10-1　工程人员任职资格框架设计参考

职位名称	类　别	任职资格描述
工程师	基本条件	相关专业大专以上学历，工作 1 年以上
	必备知识	熟悉企业产品工程实施方法，掌握工程实施规范基础知识
	能力要求	具有一定的学习能力和文档编写能力
	素质要求	诚信、工作高效、敬业

续表

职位名称	类　别	任职资格描述
高级工程师	基本条件	本科以上学历，工作年限 2 年（含）以上；或者大专学历，工作 3 年以上
	必备知识	熟悉企业产品工程实施方法，掌握工程实施规范基础知识（根据企业项目或产品知识来补充）
	能力要求	具备独立设计、规划系统的能力；具有较强的学习能力和文档编写能力
	素质要求	具有良好的团队合作精神
工程部经理	基本条件	本科以上学历，工作年限 5 年（含）以上；或者大专学历，工作 8 年以上
	必备知识	熟悉企业产品工程实施方法；熟悉企业产品和研发知识；精通工程实施管理规范
	能力要求	具有优秀的文档编写能力
	素质要求	具有优秀的团队合作精神
定义任职资格须知	上述内容仅供参考，具体工作年限要求请结合行业特征自行规定。 注意学历的折算关系，如大专学历和本科学历差额 2 年可以弥补大专学历差异等。	

五、工程人员 KPI 考核指标

对于工程人员，主要考核指标包括工程项目进度、工程项目质量、项目实施成本、项目实施规范性以及客户满意度等，也有的企业对工程有验收回款的考核指标。

除上述考核指标外，还要考核项目管理的能力和素质。

六、工程人员考核指标量化

工程人员属于研发人员的范畴，绩效考核的价值导向是鼓励员工高标准、高质量地完成工程部署工作，追求工作的进度和质量控制。

工程人员 KPI 考核框架设计参考如下：

表 10-2　工程人员 KPI 考核框架设计参考

职位名称	考核指标	权重	考核指标描述	考核数据来源
工程师	工程完成进度	30%	工程任务完成进度要求，要有明确的任务描述	工程部经理
	工程完成质量	30%	工程完成质量	工程部经理
	工程完成规范	30%	执行工程项目管理规范，提升工程质量	工程部经理
	素质考评	10%	敬业精神和规范意识等	工程部经理
高级工程师	工程项目进度	40%	工程项目任务完成进度要求，要有明确的任务描述	工程部经理
	工程项目质量	20%	工程项目完成质量	工程部经理
	工程项目规范	20%	执行项目管理规范，提升产品质量	工程部经理
	综合素质	20%	包括执行力和团队合作精神等	工程部经理

续表

职位名称	考核指标	权重	考核指标描述	考核数据来源
工程部经理	工程项目进度	40%	任务完成进度要求，要有明确的任务描述	企业主管领导
	工程项目质量	20%	工程项目完成质量	企业主管领导
	工程项目规范	10%	执行工程项目管理规范，提升产品质量	企业主管领导
	工程问题处理	10%	工程问题的处理能力	企业主管领导
	综合素质	20%	包括执行力、敬业精神和团队合作精神等	企业主管领导
定义 KPI 考核指标须知	1. 考核权重要依据企业发展战略和年度经营管理指标来平衡确定； 2. 素质考评可参考各个职位的任职资格来完善； 3. 本表按照假设的汇报关系来设定考核负责人，请根据实际情况调整。			

七、工程人员绩效考核激励模式

工程人员考核可通过岗位职责说明书或者工程项目任务书等方式制定不同工程岗位（职务）的 KPI 绩效考核指标。

此外，对于工程项目进度和质量评价特别差的，要通过绩效薪酬体现出来。

八、工程人员薪酬模式选择

工程实施能力是工程人员考核的关键要素，工程人员在选择薪酬模式时，可按照以下优先级考虑：

表 10-3　工程人员薪酬模式选择

优先级	薪酬模式	实施要点
1	基于能效	研发能力和任职资格挂钩，绩效和实际业绩挂钩
2	基于岗位	主要依据岗位在企业内的相对价值为员工付酬
3	基于职能	员工所具备的技能水平越高，薪酬待遇越高
4	基于绩效	要有明确的 KPI 任务考核，考核结果和绩效薪酬挂钩
5	基于市场	除非高端人才，否则不推荐这种模式

九、工程人员薪酬激励模式

工程人员的薪酬激励可通过有效的绩效工资和绩效挂钩来实现。

鉴于工程项目工作实施的周期比较长，还可以和工程项目奖及年终奖励等挂钩。

十、工程人员配套管理制度

工程部涉及的工程实施细节管理制度很多，为了确保工程相关岗位绩效考核和岗位职责相对应，常见的参考制度主要是《工程项目管理制度（或规范）》。

该项管理制度要对工程项目进度、工程报告书写规范、工程质量保证、工程实施成本控制以及工程实施计划控制等细节作出明确的规定。

第十一章

采购管理人员绩效考核与薪酬激励

本章导读

- 企业采购管理的主要目标有哪些?
- 采购部门 KPI 考核指标有哪些?
- 采购管理人员工作有哪些典型特征?
- 采购管理人员任职资格有哪些标准?
- 采购管理人员 KPI 考核指标有哪些?
- 采购管理人员考核指标应该如何量化?
- 采购管理人员考核与激励是什么关系?
- 采购管理人员薪酬模式应该如何选择?
- 采购管理人员薪酬激励有什么模式?
- 采购管理相关配套制度有哪些?

一、企业采购管理主要工作目标

目标 1　制订科学有效的采购计划，按照计划推动落实

目标 2　对采购产品的质量和成本进行严格有效控制

目标 3　做好供应商的选择管理，切实降低采购成本

图 11-1　企业采购管理的三大目标

二、采购部门 KPI 考核指标

采购部门要对企业的采购计划进行制订和管理，为企业提供及时准确的采购计划和执行路线。采购计划包括定期采购计划、非定期采购计划。

通过对采购计划的编制、分解，将企业的采购需求变为直接的采购任务，系统支持企业以销定购、以销定产、以产定购的多种采购应用模式。

采购部常见考核指标：采购计划完成率、采购产品质量合格率、采购成本降低目标达成率、供应商合格率等。

- 采购部经理：部门的考核成绩就是部门经理的考核成绩（考核挂钩机制）；
- 采购计划主管：主要考核采购计划按时编制完成率、采购物资供应及时率、采购资金占用率等。

三、采购管理人员主要工作特征

采购管理人员主要是根据企业业务发展需求，采购相关产品或服务，为企业产品销售和对外合作提供支持，在任职资格方面要重点考核工作规范化、沟通能力和服务意识。

四、采购管理人员典型任职资格

采购管理人员任职资格框架设计参考如下：

表 11-1 采购管理人员任职资格框架设计参考

职位名称	类 别	任职资格描述
采购工程师	基本条件	大专以上学历；采购管理相关专业毕业
	必备知识	采购管理基础知识和管理常识
	能力要求	具有一定的采购管理能力
	素质要求	做事积极主动，工作态度端正；良好的沟通能力和服务意识
采购主管	基本条件	大专以上学历；采购管理或管理等相关专业；从事采购管理工作 3 年以上
	必备知识	精通采购管理主要模块
	能力要求	对负责的采购模块能够独当一面；妥善处理外部采购管理相关接口
	素质要求	做事积极主动，工作态度端正；良好的沟通能力和服务意识；规范化管理意识

续表

职位名称	类　别	任职资格描述
采购部经理	基本条件	大专以上学历；采购管理或管理等相关专业；从事采购管理工作 5 年以上工作经验
	必备知识	精通采购管理绝大多数管理模块，精通模块管理相关的法律法规
	能力要求	带领团队能力，团队工作部署和推动能力；优秀的制度规范管理能力，良好的沟通能力等
	素质要求	做事积极主动，工作态度端正；良好的沟通能力和服务意识；采购规范化管理意识；优秀团队管理能力；工作敬业、勇于创新；勇于承担的精神；优秀的执行力
定义任职资格须知	上述内容仅供参考，具体工作年限要求请结合行业特征自行规定。 注意学历的折算关系，如大专学历和本科学历差额 2 年可以弥补大专学历差异等。	

五、采购管理人员 KPI 考核指标

采购管理人员属于专业人员，其绩效考核的总体思路是鼓励员工高标准、高质量完成采购工作，追求工作零失误。

在设计采购管理人员 KPI 考核指标时，要结合具体岗位职责来设计所负责采购管理完成进度、质量、采购成本有效降低比率以及岗位具体工作要求和工作标准，要从相关人员对专业人员满意度入手进行评价。

六、采购管理人员考核指标量化

采购管理人员属于专业人员的范畴，绩效考核的价值导向是引导被考核

人保证按时高质量完成采购任务，追求工作零失误。

采购管理人员 KPI 考核框架设计参考如下：

表 11-2　采购管理人员 KPI 考核框架设计参考

职位名称	考核指标	权重	考核指标描述	考核数据来源
采购工程师	采购任务	40%	完成采购主管交代的采购任务	部门经理评价
	采购管理支持	30%	对采购管理人员工作的支持	部门经理评价
	日常服务	20%	对采购管理人员的日常管理服务	部门经理评价
	综合素质	10%	效率意识、成本意识等	部门经理评价
采购主管	采购部经理交代任务完成情况	50%	所负责模块按照部门计划要求的完成进度，按照实际完成进度得分	部门经理评价
	采购质量	30%	所负责模块按照部门计划要求的完成质量	部门经理评价
	采购成本控制	10%	采购成本有效控制在预算之内，并有下降趋势	部门经理评价
	素质考评	10%	敬业精神和成本意识等	部门经理评价
采购部经理	采购成本	30%	年度采购成本下降比率超过 5%（范例）	企业主管领导
	采购质量	30%	采购产品一次性验收合格率不低于 95%（范例）	企业主管领导
	按期交付率	20%	采购产品按期交付比率不低于 90%（范例）	企业主管领导
	采购计划	10%	采购计划落实率超过 90%（范例）	企业主管领导
	素质考评	10%	规划能力和成本意识等	企业主管领导
定义 KPI 考核指标须知	1. 考核权重要依据企业发展战略和年度经营管理指标来平衡确定； 2. 素质考评可参考各个职位的任职资格来完善； 3. 本表按照假设的汇报关系来设定考核负责人，请根据实际情况调整。			

七、采购管理人员绩效考核激励模式

采购管理人员考核可根据岗位职责说明书制定出不同岗位（职务）的 KPI 绩效考核标准。

对于采购管理总体评价特别差的，或者由于采购管理工作失误给公司造成重大经济损失的（如重大采购管理事故等），要通过绩效薪酬体现出来。

八、采购管理人员薪酬模式选择

采购管理是一门对管理专业性和技能要求特别高的岗位，企业在选择采购管理人员的薪酬模式时，可按照以下优先级考虑：

表 11-3　采购管理人员薪酬模式选择

优先级	薪酬模式	实施要点
1	基于岗位	主要依据岗位在企业内的相对价值为员工付酬
2	基于职能	按照任职资格定义专业人员薪酬，企业对于不同类型专业人员要有明确的任职资格定义和资格评审
3	基于能效	能力和任职资格挂钩，绩效和实际业绩挂钩
4	基于绩效	明确 KPI 考核指标，考核结果和绩效薪酬挂钩
5	基于市场	不推荐（高端人才如采购总监可按照市场价格来确定薪酬）

九、采购管理人员典型激励模式

采购管理人员的薪酬激励可通过有效的绩效工资和绩效挂钩来实现，任职资格和基本工资关联。

采购部门为企业采购大量节约成本的绩效导向，可采用采购成本节约奖的方式予以奖励和鼓励。

十、采购管理相关配套制度

企业管理中和采购相关的主要制度包括：

1.《采购部采购管理制度》

该制度重点对采购管理人员的日常采购规范、采购成本对比、采购渠道、采购进度控制和质量控制进行详细的规范。

2.《供应商选择管理制度》

该制度重点制定对供应商的考核和选择指标，如对供应商产品质量评价、交货周期、产品价格、服务等要素进行有效评价。

第十二章

生产人员绩效考核与薪酬激励

本章导读

- 企业生产管理的主要目标有哪些?
- 生产部门 KPI 考核指标有哪些?
- 生产人员工作有哪些典型特征?
- 生产人员任职资格有哪些标准?
- 生产人员 KPI 考核指标有哪些?
- 生产人员考核指标应该如何量化?
- 生产人员考核与激励是什么关系?
- 生产人员薪酬模式应该如何选择?
- 生产人员薪酬激励有什么模式?
- 生产管理相关配套制度有哪些?

一、企业生产经营管理目标

- 目标 1　生产进度要确保满足企业产品销售要求
- 目标 2　严格控制生产质量，不断降低产品缺陷率
- 目标 3　严格控制生产成本，不断提高产品利润率

图 12-1　企业生产经营管理的三大目标

企业研发出产品后，要想大规模生产，需要有生产人员的支撑来实现。

一般而言，研发兼制造企业的价值链主要包括以下主要环节：

战略规划→市场调研→产品策划→产品设计→产品研发→采购→生产→仓储与物流→销售→售后服务等。

生产部门往往是制造型企业的核心部门，生产型员工是企业的价值创造主体。生产型员工管理到位，才会有高质量、高效率的价值链交付，这也是企业提高竞争力的关键。

二、生产部门 KPI 考核指标

生产部门承担企业的生产任务，生产部门的考核重点从生产计划、生产进度、产品质量合格率、安全规范操作、生产规章制度和生产事故控制等角

度来进行考核。

三、生产人员主要工作特征

生产人员有传统的生产人员，也有现代高科技产品的生产人员，范围很广。生产人员一般学历偏低，中专或技校学历比较多，技能比较专业。

目前国内制造行业的生产型员工具有如下特点：

【特点一】整体文化程度不高

由于生产型工作对体力要求较高，中专、技校、高中，甚至初中等低学历人群基本上可以满足需要。再加上生产型工作在企业里属于低收入的群体，对大专及以上学历人群的吸引力不够。但在比较知名的制造型企业，由于工资福利待遇相对较高，也可以吸引大专及以上学历的人员担任生产型员工。

【特点二】讲究实惠，重视物质待遇

生产人员相比其他类型员工，更关注企业提供的物质待遇，如企业食堂的饭菜质量、企业宿舍的住宿条件、加班工资以及节假日福利等。

【特点三】讲究实干

生产人员日常工作主要是完成企业下达的生产任务，这种工作任务一般都是可量化的，把自己的本职工作做好就是合格的员工。

【特点四】体力劳动，重复性强

生产型工作主要通过设备操作或者手工操作等进行，一般以体力劳动为主，工作重复性强。很多制造型企业把生产型工作称为操作类工作，和销售、研发、管理以及专业的脑力劳动为主的工作区别开。

由于生产人员主要是体力劳动者，生产型工作对生产型员工的体力要求比较高，身体健康是必须具备的基本条件。工作的重复性强，要求生产型员工能够严格遵守职位工作的操作规范，执行好职位相关的操作要求。

通常生产型工作并不要求员工具有大学以上学历，中专、技校、高中，甚至初中文化程度都是可以考虑的。

四、生产人员典型任职资格

生产人员任职资格主要侧重考察吃苦耐劳的精神和做事的条理性，优秀的管理者侧重考核项目管理能力和分析解决问题的能力。

生产人员任职资格框架设计参考如下：

表 12-1　生产人员任职资格框架设计参考

职位名称	类　别	任职资格描述
生产工人（普通工人）	基本条件	中专以上学历；生产相关专业毕业
	必备知识	生产管理基础知识和管理常识
	能力要求	能按时完成各相关部门或客户的生产任务
	素质要求	较强的责任心，做事有条理，吃苦耐劳
高级技术工人（高工）	基本条件	中专以上学历；从事产品生产工作 3 年以上
	必备知识	精通相关模块生产，熟悉产品质量规范与生产标准
	能力要求	能按时完成各相关部门或客户的生产任务
	素质要求	做事积极主动，工作态度好，吃苦耐劳
生产部经理	基本条件	中专以上学历；生产管理或管理等相关专业； 从事生产管理工作 5 年以上工作经验
	必备知识	精通企业产品生产过程知识和生产技能
	能力要求	有较强的分析和解决问题的能力；具备优秀的生产项目管理能力；具备给其他员工培训与指导的能力
	素质要求	较强的责任心，做事有条理，吃苦耐劳；优秀的团队协作意识
定义任职资格须知	上述内容仅供参考，具体工作年限要求请结合行业特征自行规定。	

五、生产人员 KPI 考核指标

企业生产人员重视物质待遇，技能专一，因此绩效考核可采用与生产量以及生产质量挂钩的考核模式，鼓励多劳多得。

生产人员的考核重点从生产进度、产品质量合格率、安全规范操作、生产规章制度和生产事故控制等角度来进行考核。

六、生产人员考核指标量化

生产人员绩效考核的价值导向是引导被考核人保证按时、高质量完成生产任务，不断提升企业产品质量。

生产人员 KPI 考核框架设计参考如下：

表 12-2　生产人员 KPI 考核框架设计参考

职位名称	考核指标	权重	考核指标描述	考核数据来源
生产工人	生产量	50%	生产数量是否按时完成	生产部经理
	产品质量	30%	产品残次品率是否合格	生产部经理
	安全规范	10%	产品生产是否符合企业生产规范	生产部经理
	素质考评	10%	勇于吃苦的能力	生产部经理
高级技术工人	生产量	40%	生产数量是否按时完成	生产部经理
	产品质量	30%	产品残次品率是否合格	生产部经理
	安全规范	20%	产品生产是否符合企业生产规范	生产部经理
	素质考评	10%	敬业精神、勇于吃苦的能力和质量规范意识等	生产部经理

续表

职位名称	考核指标	权重	考核指标描述	考核数据来源
生产部经理	生产进度	50%	生产总体进度考核	企业主管领导
	产品质量合格率	20%	按照实际合格率评分	企业主管领导
	安全规范培训	20%	按照培训计划落实比率考核	企业主管领导
	素质考评	10%	沟通能力、领导能力、敬业精神和质量意识等	企业主管领导
定义 KPI 考核指标须知	1. 考核权重要依据企业发展战略和年度经营管理指标来平衡确定； 2. 素质考评可参考各个职位的任职资格来完善； 3. 本表按照假设的汇报关系来设定考核负责人，请根据实际情况调整。			

七、生产人员绩效考核激励模式

生产人员考核可根据岗位职责说明书制定不同岗位（职务）的 KPI 绩效考核指标。

此外，对于生产进度和质量评价特别差的，尤其是由于员工个人原因引起重大生产事故的，要通过绩效薪酬体现出来。

八、生产人员薪酬模式选择

生产人员的绩效激励可考虑采用“底薪 + 计件工资制”的模式进行激励，其中底薪和任职资格挂钩，计件工资和产量（质量）挂钩。

1. 计件工资的定义

计件工资是指预先规定好计件单价，根据员工生产的合格产品的数量或完成一定工作量来计量工资的数额。

（1）计件工资 = 计件单价 × 合格产品数量

（2）计件工资的优点：

- 能够从成果上体现激励的有效性和公平性；
- 有利于工作方法改善，从而提高工作效率；
- 计算方式简单实用。

（3）计件工资的缺点：

- 容易出现追求产量、忽视质量的问题；
- 可能导致工人工作过于紧张或者工作疲劳。

（4）计件工资的适用范围：

- 数量和质量主要取决于劳动者个人技能、劳动数量程度及个人努力程度的工种；
- 产品质量容易检查的工种；
- 容易制定劳动定额的工种；
- 产生过程持续与稳定，可以大批量生产的工种。

2. 计件工资具体形式

表 12-3 计件工资的具体形式

类　别	典型特征	主要优点	主要缺点
无限计件工资制	不考虑完成产量多少均按同一计件单价发工资	生产量越高工资越多，显著的激励效果	对员工身心健康不利
有限计件工资制	对超额工资的数额进行限定，规定了个人超额收入的最高限额	可有效防止员工为了多拿工资带来的身心健康的问题	不宜长久使用，一般实行一段时间后应当改为无限计件工资制

续表

类 别	典型特征	主要优点	主要缺点
累进计件工资制	将产量分为定额内和定额外：定额内按照一种计件单价计算工资，超额部分则按照一种或几种递增计件单价计算工资。一般定额外的计算单价高于定额内，适用于某种产品急需突击增加产量	累进计件对员工的鼓励作用特别明显，对提高劳动生产率的促进作用比其他计件工资形式更加有效果	工人工资的增加比例超过产量增加比例，使单位产量的边际直接人工成本提高，员工工资增加有可能抵消甚至超出因产量增加而节约的全部间接费用，企业反而得不偿失
超额计件工资制	定额以内部分按照本人的标准工资以及完成定额的比例计发工资，超额部分按照不同等级计发超额计件工资	这种工资形式可以看作对计时工资形式的一种补充，是从计时工资向计件工资的过渡	有可能造成员工为了超额产量而带来的健康问题
包工工资制	企业将成批生产任务承包给承包人，承包方如期完工后获得合同规定的工资总额，承包方内部分配生产任务	适合劳动量大，难以精确分解和必须集体进行的工作	可能存在承包人偷工减料问题，有时候生产容易失控
提成工资制	个人或者集体按照一定的比例，从营业收入或纯利润中提取报酬的一种工资支付方式	适合一些劳动成果难以事先定量化和不易确定计件单价的工作	提成的比例确定合理性难以明确

小贴士

无论哪种计件方式都要根据企业生产特点、生产工人的综合素质、产品特点进行选择。

九、生产人员薪酬激励模式选择

在很多企业，生产人员是一项技能非常专业的工种，在选择薪酬模式时优先考虑基于职能（技能）的薪酬模式，此外还可按照以下优先级考虑：

表 12-4　生产人员薪酬激励模式选择

优先级	薪酬模式	实施要点
1	基于岗位	主要依据岗位在企业内的相对价值为员工付酬
2	基于技能	员工所具备的技能水平越高，薪酬待遇越高
3	基于能效	研发能力和任职资格挂钩，绩效和实际业绩挂钩
4	基于绩效	要有明确的 KPI 任务考核，考核结果和绩效薪酬挂钩
5	基于市场	除非高端人才，否则不推荐这种模式

生产人员薪酬结构：

在生产型企业，“底薪 + 计件”工资制是最常见的薪酬激励模式。

十、生产人员配套管理制度

生产部门涉及的管理制度很多，最常见的是《企业产品生产管理制度（或规范）》《企业生产事故防范规定》等。

《企业产品生产管理制度》要清晰规定各个生产岗位的工作规范和标准、质量控制规范、缺陷产品召回等。

《企业生产事故防范规定》要详细规定生产事故防范管理内容。

第十三章
客服人员绩效考核与薪酬激励

本章导读

- 企业客服管理的主要目标有哪些?
- 客服部门 KPI 考核指标有哪些?
- 客服人员工作有哪些典型特征?
- 客服人员任职资格有哪些标准?
- 客服人员 KPI 考核指标有哪些?
- 客服人员考核指标应该如何量化?
- 客服人员考核与激励是什么关系?
- 客服人员薪酬模式应该如何选择?
- 客服人员薪酬激励有什么模式?
- 客服管理相关配套制度有哪些?

客户服务人员（简称客服人员）指的是企业对外客服人员，是企业对外形象的服务窗口，其工作表现直接关系到企业的对外形象和声誉。

良好的服务水平对于提升企业的对外形象非常重要，优质的客户服务可以不断提升企业在客户中的良好口碑，不断提升产品的知名度和美誉度。

一、客服管理主要工作目标

目标 1	做好客户的接待，对客户投诉问题及时响应和处理
目标 2	做好客户投诉问题的有效分析，为公司提供决策依据
目标 3	定期通过各种途径拜访客户，做好客户满意度调查

图 13-1　客服管理的三大目标

二、客服部门主要考核指标

客服部门普通职位重点考核客户接待服务质量、客户投诉处理率、客户回访、客户满意度调查完成率等。

高端职位重点要做好客户投诉问题分析报告质量，为公司决策提供依据。

三、客服人员主要工作特征

企业客户服务是一项与客户打交道的工作，为客户提供服务，实际上就是一种人与人之间的交往关系。客服人员主要工作特征如下：

（1）客服人员劳动强度高，如电话坐席人员无论是接听电话还是外呼电话，劳动强度都是非常大的；

（2）工作内容繁杂，客服工作中要处理各种复杂的事情，回答各种疑难的问题；

（3）心理压力大：客服人员要承受用户的抱怨和牢骚。

在企业管理实践中，招聘客服人员要求普通话标准、电脑打字速度快，具有良好的沟通能力和业务学习能力，同时要有较高的情商。

此外，客服人员具有和生产人员类似的特点，如整体文化程度不高、重视物质待遇、讲究实干以及从事体力劳动、重复性强等。

四、客服人员绩效考核思路

客服人员和生产人员类似，重视物质待遇，技能专一，因此绩效考核总体思路是劳动量和薪酬挂钩的考核模式，鼓励多劳多得。

此外，KPI考核指标要鼓励员工高标准、高质量地完成本职工作，追求工作零失误。

五、客服人员典型任职资格

客服人员任职资格框架设计参考如下：

表 13-1 客服人员任职资格框架设计参考

职位名称	类 别	任职资格描述
客服人员	基本条件	高中以上学历；客户服务管理相关专业毕业，工作经验可以从零起步
	必备知识	客户服务管理基础知识，接受过客服培训的优先考虑
	能力要求	具有良好的沟通能力、协调能力、推动问题解决能力
	素质要求	性格好，有耐心及责任心；身体健康；良好的客户服务意识；具有良好的心理素质，懂得消费者心理；语言表达能力强，善于沟通
客服主管	基本条件	中专以上学历；客户服务管理或管理等相关专业；从事客户服务管理工作 3 年以上
	必备知识	客户服务管理知识；熟悉企业产品；接受过正规客服培训
	能力要求	对负责的模块能够独当一面；妥善处理外部客户服务管理相关接口
	素质要求	工作态度认真；勤奋敬业、团队精神、责任心强；工作思路清晰；良好的客户服务意识；具有良好的心理素质和快速处理问题的能力
客服部经理	基本条件	大专以上学历；客户服务管理或管理等相关专业；从事客户服务管理工作 5 年以上
	必备知识	客户服务管理知识，特别熟悉企业产品知识
	能力要求	带领团队能力，团队工作部署和推动能力；优秀的制度规范管理能力；良好的沟通能力；快速处理问题的能力
	素质要求	头脑清晰、思维敏捷；工作态度认真；良好的客户服务意识；良好的心理素质
任职资格定义须知	上述内容仅供参考，具体工作年限要求请结合行业特征自行规定。 注意学历的折算关系，如中专学历和大专学历差额 2 年可以弥补中专学历差异等。	

六、客服人员 KPI 考核指标

客服人员 KPI 考核的价值导向是引导被考核人高质量地完成客户投诉的服务，不断提升客户满意度。

客服人员 KPI 考核框架设计参考如下：

表 13-2　客服人员 KPI 考核框架设计参考

职位名称	考核指标	权重	考核指标描述	考核数据来源
客服人员	投诉问题受理	60%	客户投诉问题受理比率（反馈比率）	客服主管
	服务态度	20%	客户服务态度是否良好，是否和客户发生过各种冲突等	客服主管
	服务规范	10%	是否遵循公司客服管理规范处理投诉	客服主管
	素质考评	10%	敬业精神、客户服务意识和企业荣誉感等	客服主管
客服主管	客户接待	40%	接待客户是否提供周到满意的服务	部门经理评价
	客服质量	30%	客服完成记录的规范性和完成质量	部门经理评价
	部门满意度	20%	相关部门的总体满意度	部门经理评价
	素质考评	10%	客户意识、敬业精神和服务意识等	主管部门

续表

职位名称	考核指标	权重	考核指标描述	考核数据来源
客服部经理	客户投诉跟踪率	20%	客户投诉跟单落实率	直接主管副总
	问题分析报告	30%	客户投诉问题分析报告质量	直接主管副总
	客户服务质量	20%	客服质量评价	直接主管副总
	定期满意度调查	10%	客户满意度调查完成率	直接主管副总
	部门满意度	10%	客户投诉跨部门协作沟通解决问题的能力、相关部门满意度	直接主管副总
	素质考评	10%	客户意识、大局观、团队意识、敬业精神和服务意识等	直接主管副总
定义 KPI 考核指标须知	1. 考核权重要依据企业实际工作要求来平衡确定； 2. 素质考评可参考各个职位的任职资格来完善； 3. 本表按照假设的汇报关系来设定考核负责人，请根据实际情况调整。			

七、客服人员绩效考核激励模式

客服人员考核可根据岗位职责说明书制定不同岗位（职务）的 KPI 绩效考核指标。

对于客服管理质量评价特别差的，尤其是由于员工个人原因引起重大管理事故或者服务投诉的，必须通过绩效薪酬体现出来。

八、客服人员薪酬模式选择

客服人员在选择薪酬模式时，可按照以下优先级考虑：

表 13-3　客服人员薪酬模式选择

优先级	薪酬模式	实施要点
1	基于岗位	主要依据岗位在企业内的相对价值为员工付酬
2	基于职能	员工所具备的技能水平越高，薪酬待遇越高
3	基于能效	研发能力和任职资格挂钩，绩效和实际业绩挂钩
4	基于绩效	要有明确的 KPI 任务考核，考核结果和绩效薪酬挂钩
5	基于市场	除非高端人才，否则不推荐这种模式

九、客服人员薪酬激励模式

客服人员的薪酬激励可通过外部客户人员有效的绩效工资和绩效挂钩来实现，还可以和年度服务奖（如设立客户服务奖等）乃至年终奖励等各项奖励挂钩。

十、服务管理配套制度

客服部门涉及的管理制度有很多，在企业管理中最常见的制度就是《客户服务管理规范（或制度）》。

《客户服务管理规范》要清晰地规定客服岗位工作规范和标准、客户投诉问题处理流程、疑难问题快速响应机制、服务质量控制以及常见问题快速解决方式等。

上述制度是有效提炼客服管理考核指标的基本依据。

第十四章

HR 管理人员绩效考核与薪酬激励

本章导读

- 企业人力资源管理的主要目标有哪些?
- 企业人事部门 KPI 考核指标有哪些?
- HR 管理人员工作有哪些典型特征?
- HR 管理人员任职资格有哪些标准?
- HR 管理人员 KPI 考核指标有哪些?
- HR 管理人员考核指标应该如何量化?
- HR 管理人员考核与激励是什么关系?
- HR 管理人员薪酬模式应该如何选择?
- HR 管理人员薪酬激励有什么模式?
- 人力资源管理相关配套制度有哪些?

人力资源管理在不同企业中发挥价值的空间不同，有的企业特别是中小企业要求 HR 做好基础人事管理就可以，而在一些比较大的企业则希望 HR 成为卓越绩效管理中心，甚至希望 HR 能成为企业 HRBP（业务合作伙伴）。不同类型企业的期望值不同，最终导致人力资源被重视程度和发挥价值空间的不同。

一、人力资源管理主要工作目标

人力资源管理目标是指企业人力资源管理需要完成的职责和需要达到的绩效，人力资源管理既要考虑企业目标的实现，又要考虑员工个人的发展，强调在实现企业管理目标的同时实现个人的全面发展。

目标 1	保证各级部门对人力资源的需求得到最大限度的满足
目标 2	最大限度地开发人力资源潜能，促进企业健康发展
目标 3	激励企业人力资源，使员工潜能得到最大限度的发挥
目标 4	做好人力资源培训，持续做好人才梯队队伍建设
目标 5	规范人力资源管理体系，不断提升企业各项管理水平

图 14-1　人力资源管理的五大目标

二、人事部门 KPI 考核指标

人力资源部常见考核指标包括：人力资源规划有效控制率、招聘完成率、培训计划落实率、人力成本控制有效率、劳动合同签署率、绩效考核任务完成率、薪酬计算错误率、劳动纠纷解决比率等。

此外，人力资源部要针对不同岗位作出考核。

- 招聘岗位：常见考核指标，如招聘渠道开拓数量、招聘计划完成率、招聘空缺职位平均时间、人员适岗率、试用期合格率、招聘费用控制率等；
- 绩效管理岗位：常见考核指标，如绩效考核计划按时完成率、考核数据统计差错次数、考核申诉处理及时率、考核资料及时归档率以及员工投诉次数（限制）等；
- 培训管理岗位：常见考核指标，如培训需求调研报告及时提交率、培训计划完成率、培训覆盖率、培训效果评估报告及时提交率、员工培训档案按时归档率、员工投诉次数以及培训费用预算控制率等；
- 薪酬管理岗位：常见考核指标，如薪酬调查报告及时提交率、工资和奖金计算差错次数（限）、薪酬分析报告及时提交率、报表数据准确率、薪酬异议处理及时率、薪酬资料及时归档率等；
- 劳动关系管理专员：常见考核指标，如入职和离职等手续办理差错次数（限）、劳动合同按时签署率、劳动合同管理差错次数、劳动纠纷处理及时率、劳动纠纷解决率以及劳动合同资料及时归档率等。

三、HR 管理人员主要工作特征

普通 HR 管理人员除了要熟悉公司业务、具有合理知识结构和先进的管理理念之外，还必须具备能够胜任此工作的基本工作能力，主要包括写作能力、组织能力、沟通能力、洞察能力、应变能力以及人际交往能力等。

- 写作能力：人力资源部门的规章制度起草需要很好的文笔能力，写作是门基本功；
- 组织能力：HR 管理人员要组织企业的很多活动，有效的计划能力和组织能力是做好人力资源管理的关键；
- 沟通能力：人力资源很多工作需要和上下级沟通，需要倾听员工的意见甚至投诉，需要细致耐心地和员工做好交流沟通；
- 洞察能力：对企业管理工作的预见性和洞察力，具有对周围的人和事从人力资源主管角度予以审视、分析和判断的能力；
- 应变能力：HR 管理人员在企业遇到一些突发性事件或问题时的协调处理能力；
- 人际交往：人力资源交际能力不是日常生活中的各种应酬，而是与交往对象如各级经理和员工迅速沟通并获得他们支持的能力；
- 心理素质：HR 管理人员基本心理素质包括其性格、积极性、才智、管理和服务意识等。

对于企业要求比较高的 HR 管理人员（如人力资源总监），企业管理者希望 HRD 能成为企业的 HRBP（业务合作伙伴），在这种情况下，企业对 HRBP 的素质要求主要体现在如下几个方面：

- 变革领导能力：要具备组织并推动组织中的关键成员成为变革力量的能力；
- 战略规划能力：要将企业未来发展战略结合人力资源战略作出很好的规划，并说服各级领导支持这个规划落地；
- 体系规划能力：构建人力资源架构和管理体系，完善各项管理制度和流程；
- 专家顾问能力：HRBP 要成为各级管理者的“高参”；
- 持续学习能力：持续不断地学习新的业务和管理知识，学习各种方法和工具，不断提高人力资源管理的效率；
- 沟通协作能力：良好的沟通能力，能与企业各级经理和普通员工打成一片，成为大家的业务合作伙伴。

四、HR管理人员典型任职资格

和很多职位任职资格一样，任职资格和薪酬职级在企业中是挂钩的。事实上，任职资格体现的就是一种对职业综合素质和能力（能力的结果作为证据）的认可。

HR管理人员分类很多，根据负责模块分为绩效管理人员、薪酬管理人员、培训管理人员、劳动关系管理人员、人事助理人员等。这些人员总体可以归纳为人事助理、人事主管、部门经理和总监4个层次，在制定具体岗位人员的任职资格时（如培训经理等），可以参考下表进行有针对性地完善。

综合提炼后HR管理人员任职资格框架设计参考如下：

表14-1 HR管理人员任职资格框架设计参考

职位名称	类 别	任职资格描述
人事助理	基本条件	大专以上学历；人力资源管理相关专业毕业；工作经验可以从零起步
	必备知识	人力资源基础知识
	能力要求	能规范完成员工档案管理、员工入职和离职管理、考勤和休假管理等工作，同时协助部门经理完成各项管理工作
	素质要求	良好的沟通能力、积极主动的工作态度、良好的服务意识以及良好的管理规范意识
人事主管	基本条件	大专以上学历；人力资源或管理等相关专业；从事人力资源管理工作3年以上
	必备知识	精通人力资源某个模块的业务知识
	能力要求	对负责的模块能够独当一面
	素质要求	工作积极主动；善于和相关接口人员沟通

续表

职位名称	类　别	任职资格描述
部门经理	基本条件	大专以上学历；人力资源或管理等相关专业；从事人力资源管理工作5年以上
	必备知识	人力资源六大模块（规划、招聘、培训、绩效、薪酬和劳动关系）的管理知识
	能力要求	部门管理能力、资源调配能力和协调沟通能力
	素质要求	良好的管理意识和服务意识
人力资源总监	基本条件	大专以上学历；人力资源或管理等相关专业；从事人力资源管理工作8年以上
	必备知识	精通人力资源相关的《劳动合同法》《社会保险法》等法律；精通人力资源模块；精通员工劳动关系管理
	能力要求	推动企业管理变更的能力；全面统筹规划人力资源开发及战略管理，拟定人力资源规划方案并监督各项计划的实施；建立并完善人力资源管理制度体系，不断完善人力资源管理模式的能力；招聘优秀管理团队制定人才招聘战略，实施人才发展储备计划的能力；根据企业发展战略，完善组织架构设计；指挥协调和控制企业各部门人力资源等方面的工作；人员优化的统一管理，解决疑难人员优化的能力；员工重大投诉等管理问题的解决能力等
	素质要求	具有企业发展大局观、管理变更能力、管理创新能力、良好沟通和协调能力；具有优秀的职业经理人素质
定义任职资格须知	上述内容仅供参考，具体工作年限和学历要求请结合行业特征自行规定	

【提示】企业人力资源总监职位在外企、民企和国企的要求均不同。

五、HR管理人员KPI考核指标

HR管理人员属于专业人员，其绩效考核的总体思路是鼓励员工高标准、高质量完成本职工作，追求工作零失误。因此，在设计KPI考核指标时，要结合具体岗位职责来设计所负责模块的完成进度、质量以及岗位具体工作要求和工作标准，要从相关人员对专业人员满意度入手来评价。

六、HR 管理人员考核指标量化

HR 属于职能部门，其考核方式可以采用传统 KPI 方式（如分成不同工作考核指标，每个指标有不同权重和标准），最终汇总成考核分数，与考核结果挂钩。本书以前的版本中都是按照这个基本思路，这种思路的好处是简单，覆盖每个岗位的全部方面，缺点也是很明显的，即考核数据计算复杂，有的计算结果甚至导致“扯皮”现象。

对 HR 管理人员的考核指标量化，目前实践中出现了两种新方法，这两种方法基于薪酬管理体系设计了“绩效工资”，这种绩效工资方式在很多企业已经非常经典了。

基于绩效工资设计 HR 考核可采取两种模式：岗位工作失误扣分法、任务书目标考核法。这两种方法的好处在于简单，一旦发生管理事故或达到任务书条件，直接和绩效关联，缺点是如何让员工口服心服地签署任务书，需要做很多事先安排，尽可能减少考核“扯皮”问题。

【方法 1】岗位工作失误扣分法

职能管理围绕管理关键风控点实施，实行绩效工资倒扣法。以招聘岗位为例，可以设置如下考核方法：

表 14-2　月度绩效考核任务书（示例）

员工姓名		员工号	
所在单位		所在部门	
所属周期	□全年每月都相同　　□ 20__ 年____月到____月		
岗位范围	主要负责员工招聘管理工作		
工作依据	公司《招聘管理规定》和《试用期管理规定》等管理制度和部门内部管理要求		

续表

	关键风控点	事故 / 风险概述	对应绩效工资调整	其他约定
考核内容	员工招聘	没有经过审批擅自发录用通知（offer）	绩效工资扣除100%	发生2次以上（含），当月开始连续6个月发最低工资
	招聘流程	严重违反流程	绩效工资扣除30%	
	网站账号管理	公司账号私用	绩效工资扣除20%	
考核内容	重大违纪行为	严重违纪行为	绩效工资扣除50%	依据《公司奖惩管理规定》
	部门通过邮件等方式交代的紧急任务	没有按要求的进度完成，或者完成过程遇到问题没有及时汇报	绩效工资扣除20%	邮件 / 会议纪要作为安排任务的证据
	员工管理投诉	工作失误或风险导致员工重大投诉	绩效工资扣除20%	人力资源部核实
考核约定	本人月度绩效工资与关键考核点挂钩			
奖励约定	按照公司《员工奖惩管理规定》执行，获得月度或季度优秀员工按照公司规定奖励			
其他约定	考勤违纪对应绩效工资调整按照《考勤休假管理制度》执行。			
主管经理审核确认	上级主管（确认）：　　年　月　日			
员工签字（确认）	本人同意上述考核内容并且严格按照考核约定执行。 员工签字（确认）：　　年　月　日			

人力管理各个岗位的关键风险点可以参照《企业人力资源必备工具箱》一书中列举的风险点来设置，这种考核法简单实用，一旦发生问题处理起来有据可依，对出现管理事故的行为有清晰的处理方法。

【方法 2】任务书目标考核法

如果针对岗位管理有明确的管理考核绩效要求，对于月度考核还可以按照设置任务目标的方法来进行考核，作为岗位考核的一个补充或者独立管理的方式。

这种考核只考核明确任务，不得设置无法量化的或与评价结果可能存在分歧的指标，任务完成质量标准 / 完成标志需详细描述，以防止歧义。

同样以招聘岗位为例：

表 14-3　绩效考核任务书（示例）

员工姓名		**员工号**	
所在部门		**岗位名称**	招聘经理
所属周期	□全年每月都相同　□ 20_ 年___月到___月		
岗位范围	主要负责员工招聘管理工作		
工作依据	公司《招聘管理规定》和《试用期管理规定》等管理制度和部门内部管理要求		
主要考核内容	**序号**	**任务要求**	**任务完成质量标准 / 完成标志**
	任务 1	按进度要求完成普通岗位招聘	进度要求：按照招聘需求的要求 完成标志：以实际发放 offer 为准 底线要求：3 人（含）
	任务 2	高端核心岗位招聘	进度要求：按照招聘需求的要求 完成标志：以实际发放 offer 为准 底线要求：1 人
	任务 3	（自定义）	进度要求： 完成标志： 底线要求：
考核约定	（1）普通岗位每月完成 1 人，绩效工资按照 50% 发放；普通岗位每月完成 2 人，绩效工资按照 80% 发放；普通岗位每月完成 3 人，绩效工资按照 100% 发放 （2）普通岗位每月完成超过 3 人（不含），每超过 1 人奖励 300 元 （3）高端岗位每月完成超过 2 人（含），每超过 1 人奖励 1000 元		

续表

考核结果与绩效关系	普通岗位连续3个月不达标（低于2人），岗位工资自动下调30% 重要岗位连续3个月超额完成（每月超过2个），岗位工资上调50%
直接主管确认	上级主管（确认）： 年 月 日
员工签字（确认）	本人同意月度考核内容并且严格按照考核约定等相关内容执行。 部门经理签字（确认）： 年 月 日

上述两种方法，本书只在HR管理人员考核指标量化部分列举，事实上对行政管理类、财务管理类等职能管理部门，还有部分业务管理部门（如项目管理、质量管理、客服人员）都可以参照这两个方法执行，请大家自行研究设计。

七、HR管理人员绩效考核激励模式

HR管理人员考核可根据岗位职责说明书制定不同岗位（职务）的KPI绩效考核标准。

对于管理创新非常关注的企业，或者需要管理变革的企业，HR管理人员的创造性非常重要，考核总分数要从鼓励创新角度予以适当加分。

此外，对于HR管理总体评价特别差的，要通过绩效考核体现出来。

八、HR管理人员薪酬模式选择

人力资源管理是企业中非常重要的管理部门，企业在选择薪酬模式时，可按照以下优先级考虑：

表 14-4　HR 管理人员薪酬模式选择

优先级	薪酬模式	实施要点
1	基于能效	能力和任职资格挂钩，绩效和实际业绩挂钩
2	基于岗位	主要依据岗位在企业内的相对价值为员工付酬
3	基于职能	按照任职资格定义专业人员薪酬，企业对于不同类型专业人员要有明确的任职资格定义和资格评审
4	基于绩效	明确 KPI 考核指标，考核结果和绩效薪酬挂钩
5	基于市场	高端人才如人力资源总监可按照市场价格来确定薪酬

九、HR 管理人员典型激励模式

HR 管理人员的薪酬激励可通过有效的绩效工资和绩效挂钩来实现，任职资格和基本工资关联。

鉴于 HR 管理工作对于企业人才竞争战略的极端重要性，企业对于 HR 管理人员的激励还可以和年终奖励或年度分红等挂钩。

HR 管理核心骨干人员可纳入股权激励等中长期激励模式。

十、人力资源配套管理制度

人力资源管理制度很多，涉及绩效考核与薪酬激励体系的制度主要包括：

- 《绩效考核管理制度》
- 《任职资格管理制度》
- 《薪酬福利管理制度》
- 《员工激励管理制度》

为了确保绩效考核和人力资源管理岗位职责相对应，本书提炼出企业常见的管理制度列表，以和读者分享，主要目的是让大家比较全面地了解制度和记录文件。

表 14-5　企业常见人力资源管理制度列表

制度名称	应有的配套记录	说　明	备　注
员工手册		新员工入职发放	需提炼所有制度的精华和要点
员工招聘和入职管理制度	新员工招聘申请表	招聘新员工内部必须走审批流程	包括试用期和转正管理规定、人才推荐奖励管理规范等
	新员工应聘登记表	新员工应聘登记	
	新员工面试评价表	面试评价使用	
	新员工录用审批表	录用新员工审批	
	正式发放的 offer 函件	录用通知书	
	新员工欢迎函	入职详细手续和入职须知	
	劳动合同书	新员工入职时签订，一般采用标准统一的格式（胶印）	
	试用期培养计划表	主要是导师培养计划	
	新员工试用期考核表	试用期要有明确的考核指标，作为是否转正的条件	
	转正审批表	员工试用期结束后申请转正	
	转正通知书	转正审批通过后正式发通知	
	新员工转正流程跟踪表	人力资源内部使用，防止劳动纠纷	
绩效考评管理制度	年度考核任务书	针对公司高管	对于职能部门可采用员工岗位职责任务书来考核
	员工考核指标确认表	普通员工考核，需要签字确认并备案	
	员工考核评价表	正式考核评价使用	
	员工考核成绩汇总表	考核成绩汇总	
	绩效考核申诉表	绩效考核申诉使用	
	考核对应奖惩审批表	考核结果的应用	
	……	……	

续表

制度名称	应有的配套记录	说　明	备　注
薪酬福利管理制度	薪酬（福利）调整审批单	薪酬和福利调整使用	要有规范化薪酬职级
	薪资（福利）调整通知书	薪酬和福利调整通知	
	薪酬（福利）统一调整审批表	集中调薪和福利使用	
	薪酬职级表	人力资源内部维护使用，保持公司薪酬职级的统一规范	
	……	……	
公司培训管理制度	公司年度培训计划表		要纳入公司规范化管理体系
	年度培训需求调查表		
	培训课程评估表		
	培训签到表		
	培训效果反馈表		
	培训协议书		
	公司年度培训记录表		
	……	……	
员工离职管理制度	员工离职申请表	主动辞职申请	离职要防范各种管理风险
	离职访谈记录表	HR 对员工离职访谈	
	员工离职联合会签表	离职手续联合会签	
	竞业限制协议	高管或核心骨干离职签订竞业限制协议	
	员工离职证明	给员工开具离职证明	
	……	……	
考勤休假管理制度	员工请假审批表	员工请假单	公司有考勤电子记录更为方便
	员工加班审批表		
	员工调休审批表		
	……	……	
	员工考勤异常审批表	如忘记打卡等问题	

续表

制度名称	应有的配套记录	说　明	备　注
劳动纪律管理制度	员工违纪处罚审批表	违纪处罚内部审批	公司要对员工的日常劳动纪律作出明确规定
	员工违纪处罚通知书	违纪处罚通知	
	公司制度民主评议表	公司发布制度过程民主评价使用	
	公司制度民主评议报告	根据民主评议表形成的报告，最终走工会（员工代表）审批流程	
	……	……	
实习生管理规定	实习审批表	实习内部审批	实习生的管理，包括按照学历等级规定的实习补助标准等
	实习生信息登记表	实习生入职信息登记	
	实习协议书	和实习生签订协议	
	实习鉴定表	实习期间的鉴定报告	
	实习生离司会签表	实习结束的手续	
	……	……	
任职资格管理规范	任职资格评审表	任职资格评审	任职资格和薪酬职级，绩效考核可挂钩薪酬体系
	任职资格通知书	任职资格评审结果通知	
劳动关系管理制度	劳动合同续签审批表	劳动合同续签使用	
	员工解聘审批单	内部解聘审批	
	终止劳动合同通知书	合同到期提前终止通知	
	解除劳动合同协议书	离职补偿协议使用	
	……	……	
……	……	……	……

小贴士

本书受篇幅所限不再详述，关于人力资源管理制度和模板编写方法可参考相关图书。

第十五章
行政人员绩效考核与薪酬激励

本章导读

- 企业行政管理的主要目标有哪些?
- 行政部门 KPI 考核指标有哪些?
- 行政人员工作有哪些典型特征?
- 行政人员任职资格有哪些标准?
- 行政人员 KPI 考核指标有哪些?
- 行政人员考核指标应该如何量化?
- 行政人员考核与激励是什么关系?
- 行政人员薪酬模式应该如何选择?
- 行政人员薪酬激励有什么模式?
- 行政管理相关配套制度有哪些?

一、企业行政管理主要工作目标

目标 1　建立规范有效的日常行政管理制度，并且有效实施

目标 2　有效控制行政管理费用，不断降低办公成本

目标 3　全面做好行政管理各模块工作，不断提升满意度

图 15-1　企业行政管理的三大目标

二、行政部门 KPI 考核指标

很多企业设立专门的行政管理部门即行政部（通常称为“办公室”），也有的企业设置人事和行政统一集中管理的“人事行政部”，其中行政管理担负着企业行政组织实施和日常行政事务的管理。

行政管理在企业中主要有管理、协调和服务三大功能，其中管理是基础、协调是核心、服务是方向。事实上，行政管理的本质就是为公司管理提供优质的服务。

行政部门定位是：认真细致地做好各种行政事务工作，把领导和员工从繁重、琐碎的行政事务和生活琐事中解脱出来，可以集中精力轻装上阵，把更多的精力投入公司的发展中。

行政管理常见考核指标，如办公费用预算有效控制率、文件档案管理完整率、

资料及时归档率、会议组织满意度、车辆管理及时出勤率以及各部门满意度等。

三、行政人员主要工作特征

行政管理工作可以说非常琐碎、千头万绪且纷繁复杂。企业行政人员每天都面临着大量的、琐碎的和不起眼的事务，这些事务任何方面出问题都会很醒目，会引起企业各方的不满甚至投诉。

四、行政人员典型任职资格

行政人员所在的部门，有的企业叫行政部，有的企业叫办公室，下述任职资格内容要根据不同企业名称和企业对部门的管理职责来进行调整。

行政人员任职资格框架设计参考如下：

表 15-1　行政人员任职资格框架设计参考

职位名称	类　别	任职资格描述
行政助理	基本条件	大专以上学历；行政管理相关专业毕业
	必备知识	行政管理基础知识
	能力要求	协助部门经理完成各项管理工作；熟练使用 office 办公软件
	素质要求	做事积极主动，工作态度端正；良好的沟通能力和服务意识；爱岗敬业，正直诚信；善于学习，不断自我提升能力
行政主管	基本条件	大专以上学历；行政管理或管理等相关专业；从事行政管理工作 3 年以上
	必备知识	精通行政管理主要模块之一；精通负责模块相关的法律法规；熟悉行政管理相关管理模块
	能力要求	对负责的模块能够独当一面；妥善处理外部管理接口；能够解决所负责模块的多数管理问题；熟练使用 office 办公软件
	素质要求	做事积极主动，工作态度端正；良好的沟通能力和服务意识；规范化管理意识；善于学习，不断自我提升；爱岗敬业，正直诚信

续表

职位名称	类别	任职资格描述
行政部经理	基本条件	大专以上学历；行政管理或管理等相关专业；从事行政管理工作5年以上
	必备知识	精通行政管理绝大多数管理模块；精通负责模块相关的法律法规；精通office办公管理软件；文笔写作能力优秀
	能力要求	带领团队的能力，团队工作部署和推动能力；优秀的制度规范管理能力；良好的沟通能力等
	素质要求	做事积极主动，工作态度端正；良好的沟通能力和服务意识；行政规范化管理意识；优秀的团队管理能力；工作敬业，勇于承担的精神；优秀的执行力
行政总监	基本条件	本科以上学历；行政管理或管理等相关专业；8年以上行政管理相关工作经历；丰富的行政管理实践经验
	必备知识	精通行政管理相关法律；精通行政管理所有模块；精通office办公管理软件
	能力要求	全面统筹规划能力、改革推动能力、良好的沟通能力、跨部门协作能力等
	素质要求	具有企业发展大局观和洞察能力；具有良好沟通和协调能力；具有团队管理意识
定义任职资格须知	上述内容仅供参考，具体工作年限要求请结合行业特征自行规定。 注意学历的折算关系，如大专学历和本科学历差额2年可以弥补大专学历差异等。	

五、行政人员KPI考核指标

行政人员属于专业人员，其绩效考核的总体思路是鼓励员工高标准、高质量完成本职工作，追求工作零失误。

在设计KPI考核指标时，要结合具体岗位职责来设计所负责模块的完成进度、质量以及岗位具体工作要求的工作标准，要从相关人员对行政人员的满意度来评价。

六、行政人员考核指标量化

行政管理属于专业类人员，绩效考核的价值导向是鼓励员工高标准、高质量完成本职工作，追求工作零失误。

行政人员 KPI 考核框架设计参考如下：

表 15-2　行政人员 KPI 考核框架设计参考

职位名称	考核指标	权重	考核指标描述	考核数据来源
行政助理	行政管理	60%	完成具体行政管理事务	部门经理
	管理事项跟踪	10%	部门交代主要事项的日常跟踪，确保不出问题	部门经理
	日常服务	10%	对行政人员日常管理服务	部门经理
	综合素质	20%	管理意识、服务意识等	部门经理
行政主管	所负责模块完成进度	40%	所负责模块按照部门计划要求的完成进度，按照实际完成进度得分	部门经理
	所负责模块完成质量	20%	所负责模块按照部门计划要求的完成质量	部门经理
	所负责模块管理满意度	20%	所负责模块完成的总体满意度，满意度最高 100 分，按照实际结果得分	部门经理
	素质考评	20%	敬业精神和服务意识等	主管部门
行政部经理	管理规范性	20%	部门管理制度建设的有效性，部门管理问题及时整改的能力等	行政总监
	办公成本控制	10%	企业办公用品成本的控制是否有效、合理	行政总监
	员工活动策划	10%	员工春游、秋游等活动的策划、组织能力	行政总监

续表

职位名称	考核指标	权重	考核指标描述	考核数据来源
行政部经理	固定资产管理	10%	企业固定资产管理是否台账清晰、数据准确	行政总监
	前台接待	10%	接待客户是否有投诉	行政总监
	会议管理	5%	会议管理是否有序规范	行政总监
	印章管理	5%	管理是否有序规范，是否有重大失责行为	行政总监
	办公环境	5%	办公环境是否清洁	行政总监
	物业管理	5%	和物业管理部门的沟通协作是否有效到位	行政总监
	其他管理	5%	如图书管理、就餐管理、报刊管理等	行政总监
	内部员工满意度	5%		行政总监
	素质考评	10%	敬业精神和服务意识等	行政总监
行政总监	行政管理规划	20%	行政管理战略规划能力和执行力	企业高层领导
	制度建设	20%	年度规划的管理制度完成率和完成进度	企业高层领导
	行政制度实施	20%	行政管理制度推行和执行情况的考核	企业高层领导
	问题管理	10%	针对管理重大投诉的处理	企业高层领导
	相关部门满意度	10%	企业对行政管理总体满意度评分（包括跨部门协作和沟通合作等）	企业高层领导
	素质考评	20%	行政总监的综合素质决定着团队的素质，重点考核规划能力、执行力以及良好的沟通能力等职业素质	企业高层领导
定义 KPI 考核指标须知	1. 考核权重要依据企业发展战略和年度经营管理指标来平衡确定； 2. 素质考评可参考各个职位的任职资格来完善； 3. 本表按照假设的汇报关系来设定考核负责人，请根据实际情况调整。			

七、行政人员绩效考核激励模式

行政管理人员考核可根据岗位职责说明书制定不同岗位（职务）的 KPI 绩效考核标准。

此外，对于行政管理总体评价特别差的，或者由于工作失误给公司造成经济损失的（如重大管理事故等），要通过绩效薪酬体现出来。

八、行政人员薪酬模式选择

行政管理是企业中典型的职能管理部门（有的企业人事行政合并），企业在选择薪酬模式时，可按照以下优先级考虑：

表 15-3　行政人员薪酬模式选择

优先级	薪酬模式	实施要点
1	基于岗位	主要依据岗位在企业内的相对价值为员工付酬
2	基于能效	能力和任职资格挂钩，绩效和实际业绩挂钩
3	基于职能	按照任职资格定义专业人员薪酬，企业对于不同类型的专业人员要有明确的任职资格定义和资格评审
4	基于绩效	明确 KPI 考核指标，考核结果和绩效薪酬挂钩
5	基于市场	不推荐（高端人才如行政总监可按照市场价格来确定薪酬）

九、行政人员典型激励模式

行政人员的薪酬激励可通过有效的绩效工资和绩效挂钩来实现，任职资格和基本工资关联。

对于行政人员，除本书阐述的各种激励模式外，还可以针对岗位特点采取各种激励模式，参考如下：

表 15-4　行政人员激励模式选择

薪酬模式	激励类型	激励实施要点
任职资格	自我激励	按照任职资格定义，不同任职资格（能力），企业设定的薪酬待遇不同
任务激励	目标激励	企业设立明确的工作任务，对应的奖金和实际完成结果（效果评估）挂钩
绩效考核	考核激励	绩效工资和绩效考核结果挂钩
基本工资	薪酬激励	基本工资和任职资格挂钩

十、行政管理配套管理制度

行政管理涉及的管理制度很多，为了确保绩效考核和岗位职责相对应，行政管理主要参考制度列表如下：

- 《日常行政管理制度》
- 《公司会议管理制度》
- 《固定资产管理办法》
- 《公司印章管理办法》
- 《公司车辆管理办法》

- 《办公环境管理制度》
- 《公司保密工作规定》
- 《公司文件管理制度》

小贴士

限于篇幅本书不提供每个制度的具体范例，关于行政部管理制度可参考相关著作或者在网上搜索相关范例。

第十六章
财务人员绩效考核与薪酬激励

本章导读

- 企业财务管理的主要目标有哪些?
- 财务部门 KPI 考核指标有哪些?
- 财务人员工作有哪些典型特征?
- 财务人员任职资格有哪些标准?
- 财务人员 KPI 考核指标有哪些?
- 财务人员考核指标应该如何量化?
- 财务人员考核与激励是什么关系?
- 财务人员薪酬模式应该如何选择?
- 财务人员薪酬激励有什么模式?
- 财务管理相关配套制度有哪些?

一、财务管理主要工作目标

目标 1	制定完善的财务管理制度，规范财务管理体系
目标 2	制定有效且合理的财务规划和财务预算体系
目标 3	拓展企业融资渠道，为企业发展提供财务支持
目标 4	不断提高企业资金周转率，提高资金管理效率
目标 5	做好各项资金安全管理，维护企业的根本利益

图 16-1　财务管理的五大目标

二、财务部门 KPI 考核指标

财务部门考核指标：财务计划按时提交率、财务预算编制及时完成率、财务预算执行率、投资（融资）任务完成率、对外投资收益率、资金利用率等。

- 会计人员考核：单据凭证审核及时率、凭证审核出错率、财务报告提交及时率、会计资料及时归档率等；
- 审计人员考核：审计计划落实率、审计问题跟踪处理率、审计差错率、审计报告提交质量、审计资料及时归档率、审计保密完成质量等；

- 投资主管考核：投资计划完成率、投资调研报告质量评价、投资项目盈利比率、投资收益率等；
- 预算专员考核：预算按时提交率、预算执行率、预算偏差准确率、预算报告质量评价等；
- 出纳人员考核：凭证审核出错率、会计核算出错率、财务账目登记差错次数、账实不符次数、会计凭证按时归档率等。

三、财务人员主要工作特征

财务管理者素质、能力等要求主要包括良好职业道德素质、对企业高度忠诚、业务能力、持续学习能力、组织协调能力、分析判断能力等。

1. 良好职业道德素质：包括良好的作风、遵纪守法、高质量高效率地完成本职工作；

2. 对企业高度忠诚：工作中要坚持原则，自觉维护企业的利益，不做任何有损于企业的事情；

3. 业务能力：财务管理者要加强本职业务能力素质提升，要熟悉国际惯例和西方主要国家的准则和制度；

4. 持续学习能力：财务管理者要学习微观与宏观经济学知识，以及与自身工作相关的财务管理知识；

5. 组织协调能力：财务信息收集等活动都需要精心组织、周密安排；

6. 分析判断能力：财务管理者应具备从企业各个渠道获得的经营管理信息中分析出自己的企业所面临的问题及相应解决方案，还要对国家整个宏观经济的发展趋势以及企业所处的市场环境变化具有分析判断能力，按照市场上的财务机会和财务风险为企业财务决策提供依据。

高层财务管理者（如财务总监）要经常参与到企业的各种决策活动中，主动当好参谋，应从企业降低运营成本、如何用好资金、如何提高企业经济效益的战略高度出发，从财务管理角度对企业各种决策方案进行深入分析、研究和评价，为最高决策者的决策提供科学有效的依据。

四、财务人员典型任职资格

财务管理任职资格要体现财务管理的特色，如对国家法律法规的深刻理解能力和财务管理制度的优秀执行能力。财务是企业运营管理的重要管理部门，在综合素质方面要体现对企业忠诚、敬业的特色。

财务人员任职资格框架设计参考如下：

表 16-1　财务人员任职资格框架设计参考

职位名称	类　别	任职资格描述
财务助理（会计 / 出纳）	基本条件	大专以上学历，财务管理相关专业
	必备知识	具有财务管理相关模块的知识和技能
	能力要求	良好的财务管理能力，良好的沟通能力
	素质要求	工作爱岗敬业，工作效率高
财务主管（主管会计）	基本条件	大专及以上会计相关专业，3 年以上财务管理经验
	必备知识	精通国家财税法律规范、财务核算、财务管理、财务分析、财务预测等财务制度和业务；精通银行业务和税务知识；熟悉企业接口部门的业务知识
	能力要求	账务管理能力；具备与工商、税务和银行等各外部接口部门业务协调和维护工作的能力；对于企业账目有很强的把控能力和分析能力
	素质要求	良好的职业素质，工作敬业忠诚，工作效率高
财务部经理	基本条件	大专及以上会计相关专业，5 年以上财务管理经验
	必备知识	丰富的财务管理知识；熟悉国家相关法律法规；实施落实财务制定的各项财务管理规划
	能力要求	有较强的组织协调能力，风险意识强，善于管理
	素质要求	具备财务经理的职业化素质，优秀的团队合作精神

续表

职位名称	类 别	任职资格描述
财务总监	基本条件	大专及以上会计相关专业，10 年以上财务管理经验
	必备知识	精通国家财务管理相关法律法规（专家级）；全面掌握企业的各项财务制度；熟悉企业各项财务规则
	能力要求	为企业的财务决策提供专业化财务管理建议的能力；能够分析和评估财务内控薄弱环节和风险；能够带领财务管理团队完成企业交代的各项任务；具有良好的决策支持管理能力
	素质要求	具备财务专家的职业素质；具有领导力、大局观以及团队作战的优秀品质
定义任职资格须知	上述内容仅供参考，具体工作年限要求请结合行业特征自行规定。 注意学历的折算关系，如大专学历和本科学历差额 2 年可以弥补大专学历差异等。	

五、财务人员 KPI 考核指标

财务人员属于专业人员，其绩效考核的总体思路是鼓励员工高标准、高质量地完成本职工作，追求工作零失误。因此，在设计 KPI 考核指标时，要结合具体岗位职责来设计所负责模块的完成进度、质量以及岗位具体工作要求和工作标准，要从相关人员对专业人员满意度入手来评价。

六、财务人员考核指标量化

财务管理属于专业类人员，绩效考核的价值导向是鼓励员工高标准、高质量地完成本职工作，追求工作零失误。

财务人员 KPI 考核框架设计参考如下：

表 16-2 财务人员 KPI 考核框架设计参考

职位名称	考核指标	权重	考核指标描述	考核数据来源
财务助理（会计/出纳）	协助财务管理	40%	辅助财务人员完成财务策划任务	财务部
	管理支持	30%	对财务人员工作支持	财务部
	日常服务	20%	对财务人员日常管理服务	财务部
	综合素质	10%	管理意识、成本意识等	财务部
财务主管（主管会计）	工作进度	50%	所负责模块按照部门计划要求完成进度，按照实际完成进度得分	部门经理评价
	工作质量	30%	所负责模块按照部门计划要求完成质量	部门经理评价
	满意度评价	10%	所负责模块完成的总体满意度，满意度最高为 100 分，按照实际结果得分	部门经理评价
	素质考评	10%	敬业精神和风险意识等	主管部门
财务部经理	财务管理制度建设	20%	按照年度计划完成财务管理制度，实际按计划完成率	财务总监
	部门工作计划	15%	考核期内部门工作计划最低完成率	财务总监
	财务数据准确性	15%	考核期内提交的各类报表、报告中数据出错的次数控制在（ ）次以内	财务总监
	财务法律法规	10%	没有严重违反国家财务相关法律法规现象，发生一次轻微违法扣 2 分，严重违法扣 5 分（范例）	财务总监
	财务计划	10%	考核期内财务计划编制及时率在（ ）% 以上	财务总监
	部门成本核算	10%	部门成本核算准确率不低于（ ）%	财务总监
	财务成本控制	10%	企业财务成本费用控制是否明显（自行提供证据）	财务总监
	素质考评	10%	规范化意识、风险意识、团队合作意识等	财务总监

续表

职位名称	考核指标	权重	考核指标描述	考核数据来源
财务总监	国家法律法规及重大违规事件	20%	企业无重大财务违规事件发生，没有由于渎职造成财务重大违规事件	企业主管领导
	财务管理制度建设	20%	年度规划的管理制度完成率和完成进度	企业主管领导
	重要财务报表和财务报告的编写	10%	重要财务报表包括现金流量表、利润表、资产负债表等，财务报告包括季度、半年度和年度企业财务报告	企业主管领导
	年度预算规范性	10%	企业年度预算达成率控制在 100% 以内	企业主管领导
	管理制度推行和执行情况	10%	财务管理制度推行和执行情况的考核	企业主管领导
	人才培养和培训的落实率	10%	企业人才培养计划和培训计划的落实率	企业主管领导
	财务管理总体满意度	10%	企业对财务管理工作的总体满意度评分（包括跨部门协作和沟通合作等）	企业主管领导
	素质考评	10%	大局观、管理视野、敬业精神、创新精神、风险意识等	主管部门
定义 KPI 考核指标须知	1. 考核权重要依据企业发展战略和年度经营管理指标来平衡确定，不同类型企业对财务总监的业绩期望不同； 2. 素质考评可参考各个职位的任职资格来完善； 3. 本表按照假设的汇报关系来设定，考核负责人请根据实际情况调整。			

七、财务人员绩效考核激励模式

财务人员考核可根据岗位职责说明书制定不同岗位（职务）的 KPI 绩效考核标准。

对管理创新非常关注的企业，或者需要管理变革的企业，财务人员的创造性非常重要，考核总分数要从鼓励创新角度予以适当加分。

对于财务管理总体评价特别差的，或者由于管理工作失误给公司造成经济损失的（如重大财务管理事故等）要通过绩效薪酬体现出来。

八、财务人员薪酬模式选择

针对财务管理岗位，企业在选择薪酬模式时可按照以下优先级考虑：

表 16-3　财务人员薪酬模式选择

优先级	薪酬模式	实施要点
1	基于岗位	主要依据岗位在企业内的相对价值为员工付酬
2	基于能效	能力和任职资格挂钩，绩效和实际业绩挂钩
3	基于职能	按照任职资格定义专业人员薪酬，企业对于不同类型的专业人员要有明确的任职资格定义和资格评审
4	基于绩效	明确 KPI 考核指标，考核结果和绩效薪酬挂钩
5	基于市场	不推荐（高端人才如财务总监可按照市场价格来确定薪酬）

九、财务人员典型激励模式

财务人员的薪酬激励可通过有效的绩效工资和绩效挂钩来实现，任职资格和基本工资相关联。鉴于财务管理工作对于企业经济安全的极端重要性，企业对于财务人员的激励还可以和年终奖励或年度分红等挂钩。

财务管理核心骨干人员（如财务总监）可纳入股权激励等中长期激励模式。

十、财务人员配套管理制度

财务管理部涉及的管理制度有很多，为了确保绩效考核和财务岗位职责相对应，财务管理主要参考制度列表如下：

- 《公司财务管理制度》
- 《会计日常管理制度》
- 《出纳日常管理制度》
- 《预算编制管理制度》
- 《费用报销管理规定》
- 《公司差旅管理制度》
- 《公司资产管理制度》
- 《内部审计监督管理制度》

第十七章

后勤人员绩效考核与薪酬激励

本章导读

- 企业后勤管理的主要目标有哪些?
- 后勤部门 KPI 考核指标有哪些?
- 后勤人员工作有哪些典型特征?
- 后勤人员任职资格有哪些标准?
- 后勤人员 KPI 考核指标有哪些?
- 后勤人员考核指标应该如何量化?
- 后勤人员考核与激励是什么关系?
- 后勤人员薪酬模式应该如何选择?
- 后勤人员薪酬激励有什么模式?
- 后勤管理相关配套制度有哪些?

一、企业后勤管理主要工作目标

目标 1　高标准完成后勤工作追求更好的服务质量

目标 2　提高后勤服务水平，不断提升员工满意度

目标 3　严控后勤成本，不断提高后勤的管理水平

图 17-1　企业后勤管理的三大目标

二、后勤管理部门主要考核指标

后勤管理部门重点考核的是后勤服务质量、后勤服务制度管理规范以及服务对象（企业员工）的满意度等指标：

- 普通员工重点考核后勤技能和服务质量；
- 普通主管重点考核后勤服务质量、后勤管理制度执行情况；
- 后勤部门经理重点考核员工满意度、后勤管理规范性。

三、后勤人员主要工作特征

后勤服务是一项与员工打交道的工作，为员工提供规范的服务，搞好后

勤服务工作，关键是要做好后勤服务质量标准，因此建设规范化的管理制度是十分必要的。

后勤人员具有和生产人员类似的特点，如整体文化程度不高、重视物质待遇、讲究实干以及从事体力劳动、重复性强等特点。

四、后勤人员绩效考核思路

对后勤人员来说，技能很重要（如公司食堂的厨师有厨师证和厨师等级）。后勤人员比较重视物质待遇，技能专一，因此绩效考核的总体思路是劳动量、劳动强度等和薪酬挂钩的考核模式，鼓励多劳多得。

五、后勤人员典型任职资格

后勤人员是企业或事业单位的后勤管理部门，后勤工作的特点是分类杂，事情比较烦琐。在任职资格方面，要重点考核服务热情和耐心等要素，以及如何加强奉献意识，提高后勤服务能力。

后勤人员任职资格框架设计参考如下：

表 17-1　后勤人员任职资格框架设计参考

职位名称	类　别	任职资格描述
普通后勤人员	基本条件	初中以上学历；后勤管理相关专业毕业，工作经验可以从零起步；技能优秀的可以放宽到小学学历，但是必须要有相关技能证明
	必备知识	后勤管理基础知识和管理常识
	能力要求	具有一定的后勤管理能力
	素质要求	做事积极主动，工作态度端正；良好的沟通能力和服务意识；做事热心、有耐心

续表

职位名称	类　别	任职资格描述
后勤主管	基本条件	高中以上学历；后勤管理或管理等相关专业；从事后勤管理工作3年以上
	必备知识	精通后勤管理主要模块
	能力要求	对负责的后勤管理领域能够独当一面；妥善处理外部后勤管理相关接口
	素质要求	做事积极主动，工作态度端正；良好的沟通能力和服务意识；规范化管理意识；做事热心有耐心
后勤部经理	基本条件	中专以上学历；后勤管理或管理等相关专业；从事后勤管理工作5年以上
	必备知识	精通后勤管理绝大多数管理模块；精通模块管理相关的法律法规
	能力要求	带领团队能力，团队工作部署和推动能力；优秀的制度规范管理能力；良好的沟通能力等
	素质要求	做事积极主动，工作态度端正；良好的沟通能力和服务意识；后勤规范化管理意识；优秀团队管理能力；做事热心、有耐心
定义任职资格须知	上述内容仅供参考，具体工作年限要求请结合行业特征自行规定。 注意学历的折算关系，如高中学历和大专学历差额3年可以弥补大专学历差异等。	

六、后勤人员 KPI 考核指标

后勤人员属于支撑服务人员的范畴，绩效考核的价值导向是引导被考核人高质量完成客户后勤服务，不断提升内部员工满意度。

后勤人员 KPI 考核框架设计参考如下：

表 17-2　后勤人员 KPI 考核框架设计参考

职位名称	考核指标	权重	考核指标描述	考核数据来源
普通后勤人员	工作质量	40%	完成负责工作的质量是否标准、规范	主管评价
	工作规范	20%	后勤工作是否严格遵守公司的管理制度	主管评价
	服务态度	20%	服务态度是否良好，员工是否有投诉，投诉一次扣5分（范例）	主管评价（评价来自各种渠道的投诉信息）
	综合素质考评	20%	敬业精神、服务意识和团队精神等	主管部门
后勤主管	工作质量	30%	完成负责工作的质量是否标准、规范	部门经理评价
	工作规范	20%	后勤工作是否严格遵守公司的管理制度	部门经理评价
	成本控制	20%	是否符合财务预算控制的管理要求	财务部
	员工满意度	10%	员工对后勤管理总体满意度	部门经理根据投诉等信息进行评价
	综合素质考评	20%	敬业精神和服务意识等	主管部门
后勤部经理	工作计划	30%	年度工作计划完成率	企业主管领导
	工作质量	20%	完成质量是否标准规范	企业主管领导
	成本控制	10%	是否符合财务部总体预算控制的管理要求	财务部
	管理规范	10%	后勤工作日常管理是否规范有序	企业主管领导
	员工满意度	10%	员工对后勤管理总体满意度评价，可以采用投诉倒扣分方式	人力资源部
	综合素质考评	20%	团队管理能力、成本意识和服务意识等	企业主管领导
定义 KPI 考核指标须知	1. 考核权重要依据企业发展战略和年度经营管理指标来平衡确定； 2. 素质考评可参考各个职位的任职资格来完善； 3. 本表按照假设的汇报关系来设定，考核负责人请根据实际情况调整。			

七、后勤人员绩效考核激励模式

后勤人员考核可通过岗位职责说明书制定不同岗位（职务）的 KPI 绩效考核指标。

对于后勤服务质量或者员工满意度评价特别差的，以及由于后勤员工个人原因引起的重大管理事故或者服务投诉，必须要通过绩效工资体现出来。

八、后勤人员薪酬模式选择

后勤人员在选择薪酬模式时，可按照以下优先级考虑：

表 17-3　后勤人员薪酬模式选择

优先级	薪酬模式	实施要点
1	基于岗位	主要依据岗位在企业内的相对价值为员工付酬
2	基于职能	员工所具备的技能水平越高，薪酬待遇越高
3	基于能效	研发能力和任职资格挂钩，绩效和实际业绩挂钩
4	基于绩效	要有明确的 KPI 任务考核，考核结果和绩效薪酬挂钩
5	基于市场	除非高端人才，否则不推荐这种模式

九、后勤人员薪酬激励模式

后勤人员的薪酬激励可通过有效的绩效工资和绩效挂钩来实现。

鉴于服务工作与外部和内部员工的满意度相关，薪酬模式还可以和年度服务奖乃至年终奖励等各项奖励挂钩。

十、后勤管理配套管理制度

后勤管理部门涉及的管理制度很多，最常见的主要管理制度就是《后勤服务管理制度（或规范）》等。

《后勤服务管理制度（或规范）》要清晰地规定后勤每个岗位工作规范、服务标准、服务质量控制规范以及后勤服务常见问题解决方式等管理规定。

上述制度是有效提炼后勤管理考核指标的基本依据。

第十八章

特殊人员绩效考核与薪酬激励

本章导读

- 常见特殊人员包括哪些?
- 特殊人员应该如何考核?
- 如何做好特殊人员薪酬管理?
- 特殊人员如何进行有效激励?
- 如何编写高级顾问聘用协议?

企业中的特殊人员主要是前面阐述员工类别以外的人员，这些人员分为两类：特殊人才和特殊人员。对于普通人才的薪酬设计并不难，但是对于特殊人才的薪酬设计如果考虑不周，就会带来人事管理上的风险。

一、特殊人员的主要类型

企业的特殊人员中，特殊人才主要包括高级专家等稀有技术人才，如企业顾问等；普通的特殊人员主要包括应届生、实习生和临时劳务人员等。

二、特殊人员绩效考核原则

按照“人才”和“人员”分成两类进行处理：

表 18-1　特殊人员绩效考核原则

类别	细分类别	主要特征	考核原则和方法
特殊人才	高级专家	企业内的专家级人物	可纳入企业特殊重大项目的考核中，考核结果和奖励挂钩（注意不是惩罚），对于稀有技术人才要正向引导
	企业顾问	顾问是企业参谋，常见的顾问如法律顾问、技术顾问、财务顾问、项目顾问等外部顾问	制定明确的顾问协议，按照合同约定的考核模式进行考评

续表

类别	细分类别	主要特征	考核原则和方法
特殊人员	应届生	应届毕业生刚刚毕业，需要精心培养，考核上不能过于急功近利	注重培养，加大试用期的绩效辅导，绩效考核只是起指挥棒的作用，等半年或一年后可纳入正式员工考核
	实习生	在企业中实习的学生，常见大三、大四本科生，或者研二以上的研究生	实习生要有明确的工作标准，必须有明确的实习考核才能确保留下优秀的人才，如果没有明确的衡量标尺则无法衡量实习生的素质和能力
	劳务人员	为公司提供临时劳务的人员，无须签订正式合同	需要签署劳务协议，如值班师傅、打扫卫生的保洁员等

【范本】企业高级顾问聘用协议

聘请方（以下简称甲方）：

住所地：

电　话：

邮　编：

被聘请方（以下简称乙方）：

住所地：

电　话：

邮　编：

甲方因企业发展实际需要，根据《民法典》合同编的有关规定，聘请乙方为高级专家顾问，经双方友好协商签订以下协议，以期共同遵照履行：

一、乙方为甲方提供全面、周到和谨慎的顾问服务。

二、高级顾问的职责是：

1. 为甲方的经营和管理活动提供顾问服务；

2. 为甲方重大项目进行内部评审；

3. 为甲方外部合作公关提供支持。

三、高级顾问的工作范围：

1. 应甲方要求，就甲方经营和管理方面的重大决策提供意见；

2. 接受甲方委托，参与合同谈判；

3. 参与甲方的重大经济活动、可行性研究等；

4. 利用乙方的社会威望和资源为企业的发展提供支持；

5. 通过乙方自身拥有的专业知识和学术才能对公司相关领域的发展提供支持。

四、高级顾问工作方式：非固定办公方式，具体的工作时间和工作地点由双方事前约定。

五、双方的权利和义务：

1. 甲方有权要求乙方履行其职责范围内的事务，并为甲方提出合理化的建议和意见；乙方应积极协助甲方开展工作，为甲方提供有价值的管理顾问服务；

2. 乙方有权了解与甲方经营管理有关的情况（甲方不允许的企业管理机密除外），乙方有义务保守在顾问工作中了解到的甲方的机密和有关情况；

3. 乙方办理甲方具体事务所产生的直接相关费用由甲方给予报销；

4. 如果乙方本人利用其自身拥有的资源为甲方带来利益，甲方将视情况对乙方进行不同程度的奖励（事先议定奖励标准）。

六、顾问服务费用的核定及支付：甲方每年度向乙方支付。

顾问费每年____万元

付款时间为________

付款方式为________

七、双方就本协议未尽事宜另行协商所产生之合约，为本协议不可分割之组成部分。因履行本协议而发生的争议，双方友好协商解决。

八、本协议书有效期一年，自____年__月__日起至____年__月__日止。

如双方任何一方无异议，合同期满后自动续签一年。

九、合同生效

本合同正本一式两份，甲、乙双方各执一份，由甲、乙双方共同签字后正式生效。

甲方（签字）：

乙方（签字）:

协议签订日期:________年____月____日

三、特殊人员薪酬与激励

表 18-2　特殊人员薪酬与激励

类别	细分类别	薪酬原则	薪酬激励办法
特殊人才	高级专家	高薪＋特殊人才补助	特殊人才的具体补助办法要弹性，可制定具体弹性实施细则
	企业顾问	按照顾问协议执行	要有明确的顾问工作标准规范和对应违约条款的处理措施
特殊人员	应届生	按照年度应届生薪酬调查结果	要制定严格的薪酬调整机制，让应届生的努力和薪酬上调挂钩，要让他们工作有激情、有动力
	实习生	按照实习天数给予实习补助	实习补助和实习天数挂钩，同时对于不同学历的实习生要给予不同实习补助标准（例如，大专生每天 60 元，本科生每天 80 元，硕士每天 100 元，博士每天 120 元等）
	劳务人员	正常待遇加上适当奖励	正常劳务待遇，设置年度目标奖励标准，如值班师傅如果年度值班无重大事故则给予一定奖励

小贴士

企业特殊人员还有很多，比如家族企业老板的直系亲属等，作为 HR 部门要坚持"正人必须正己""打铁还需自身硬"的原则，加强与这些人员的沟通，让他们成为公司发展的推动者。

第十九章

企业中长期激励机制总体设计

本章导读

- 企业中长期激励模式有哪些?
- 非上市公司有哪些激励类型?
- 上市公司有哪些激励的方式?
- 中长期激励方案实施有何步骤?
- 股权激励时机应该如何来确定?
- 股权激励模式选择要点有哪些?
- 股权激励实施需注意哪些事项?

企业实施中长期激励的主要目的是让员工更加关注企业的长期发展，不断增强企业凝聚力，激发员工的创造性和聪明才智，将员工利益与公司的长期发展利益挂钩形成利益共同体和命运共同体，吸引并保留优秀人才，最终实现企业与员工价值的双赢。

一、长期激励主要模式的选择

企业中长期激励主要方式有年度分红和股权激励（员工持股和股票期权）：

（1）年度分红

企业让核心骨干员工持有干股并且每年都享有企业分红权，这种利润分享计划也称之为分红计划，企业年度盈利后会在其税前利润中提取一部分资金放入分红池，依据每位核心员工的业绩、承担的压力和贡献等指标进行分配。

年度分红计划通常一年实施一次，这种做法的主要好处是将员工的利益和企业年度经营效益挂钩，使全体员工都关注公司利润的实现。

（2）股权激励

股权激励是指通过多种方式让企业的核心骨干和经理层拥有本企业的股票或股票期权，使员工与企业发展实现利益共享，从而在企业经营者、员工与公司之间建立一种以股权为基础的激励约束机制，进而为公司的长期发展提供服务的一种激励方式。

股权激励的历史

我国晋商早在明朝早期就创造并广泛使用了股权激励，其中著名的“人身顶股制”就是晋商经营成功的最重要原因之一。这种激励方式使得东家（股东）和掌柜（高管）乃至伙计（职员）的利益完全捆绑在一起，一荣俱荣，一损俱损。只有在公司挣钱的情况下东家、掌柜和伙计才能挣到钱。

目前，世界各国流行的股权激励源于美国。20世纪50年代中期，美国旧金山的一个名叫路易斯·凯尔索的律师设计出世界上第一份员工持股计划。到了20世纪70年代，一种全新的股权激励方式也就是股票期权正式面世。

股权激励最常见的类型包括员工持股和股票期权两种方式：

A. 员工持股

这种方式的实施要点是企业给予核心骨干员工一种以“特定价格”购买公司股票的权利，员工可以出资认购本公司部分股份。这种激励模式在实施过程中一般都委托公司工会或员工代表会持股（也就是常说的“代持”方式）。

在企业管理实践中，员工持股分为实股和虚股两种类型。

- 实股：通过大股东内部转让、增资扩股或者市场回购，员工以现金、贷款或者奖金等支付方式购买企业股份。实股的好处是员工可享受年度分红且实股可自由转让，员工享有股东权益和表决权，但是员工享有实股的企业需要进行工商注册变更手续。
- 虚股：虚股也叫“干股”或者“虚拟股”。这种股票不是真实意义上的股票，而只是作为一种计价基础来实现对员工的激励作用，通常通过契约的方式来体现。虚股股东不享有股东权益和表决权，但是可参与企业发展的决策。

B. 股票期权

股票期权是公司给予员工的一种权利，持有这种权利的员工可以在规定的时期内以事先约定的股票期权行权价格来购买本公司股票。

二、非上市公司主要激励模式

股权激励模式目前主要存在于上市公司，这方面的法律规定也比较完善。然而，随着公司治理结构的快速发展，越来越多的非上市公司也采取以股权激励的方式来吸引和留住核心人才。但对于非上市公司的股权激励，目前我国尚缺乏明确的法律法规。

1. 上市公司与非上市公司的主要区别

上市公司是指所发行的股票要经过证监管理部门批准后才能在证券交易所上市交易的股份有限公司。非上市公司是指其股票没有上市，股票无法在证券交易所交易的股份有限公司。广义的非上市公司也包括有限责任公司。

上市公司和非上市公司主要区别如下：

- 上市公司相对于非上市股份公司而言，对财务披露要求更严格；
- 上市公司股份可以在证券交易所中挂牌自由交易流通，非上市公司则不可以；
- 上市公司和非上市公司的问责制度不一样；
- 上市公司通过公开发行或增发股票能实现社会资源整合的目标，非上市公司则没有这个权利；
- 上市公司是通过证券交易市场来形成，而非上市公司则通过各种场外市场来形成。

2. 非上市公司的股权激励方案制订方法

从股权激励的具体方式来讲，上市公司股权激励一般是以限制性股票和股票期权的方式来实现。而非上市公司的股权激励则更加灵活多样，除股权激励形式外，还可以采用非股权激励方式，如虚拟股票、增值权以及企业经营分红计划等。

非上市公司的股权激励常见方式有股票赠与方式、股票购买方式、期股和虚拟股份等，其收益来源则是企业的经营利润。

【方式 1】股票赠与方式

公司现有股东拿出部分股份，一次性或分批赠与被激励对象。在赠送股票时，公司可以通过契约设置股票赠与的附加条件，如要求接受赠送者必须签订一定期限的劳动合同，必须在考核期内完成约定的考核业绩指标等；赠与者也可以不设置附加条件采用无偿赠送的方式。

【方式 2】股票购买方式

公司现有股东拿出一部分股份授予被激励者，但被激励者需要用现金或知识产权（如专利等）交换获得股份。被激励者获得的是完整的股权，拥有股份所具有的所有权、表决权、收益权、转让权和继承权。对于非上市公司而言，购买股份的价格可以是买卖双方认可的任何价格，但通常为每股净资产或相关的价格。股票购买计划可以提高被激励者的归属感和成就感，同时实现激励、约束和角色转换的目的。

【方式 3】期股方式

公司现有股东一次性给予被激励者一定数额股份的分红权和表决权（这部分股份称为"虚股"），被激励者按事先约定的价格用所得红利分若干年来购买这部分虚股，将之转化为实股（"行权"）。被激励者所得分红如果不足以支付购买虚股所需要的资金，则可另行筹措资金补足购买虚股的资金，无力购买部分可以放弃行权。

【方式 4】虚拟股份

公司现有股东授予被激励者一定数额的"虚拟股"，被激励者不需出资便可享受公司价值的增长，分享增长利益的获得需要公司支付，不需要设计股权的退出机制，但是被激励者只有分红权，没有表决权、转让权和继承权。被激励者离开公司将失去继续分享公司价值增长的权利；公司价值下降，那么被激励者将得不到收益。此外，如果被激励者绩效考评结果不佳，将影响到虚拟股份的授予和生效。

3. 非上市企业股权激励方案流程

非上市公司股权激励主要流程如下：

（1）确定激励对象：通常为企业高管、核心研发和核心管理人员以及销售骨干，如果被激励对象是国有企业高层，则需根据《国有控股上市公司（境内）实施股权激励试行办法》来实施股权激励。

（2）确定激励数量：《公司法》规定，经股东大会决议，公司可以收购本公司股份，并将股份奖励给本公司职工；收购本公司股份不得超过本公司已发行股份总额的 5%。

（3）确定股权激励模式：根据激励的目的和所在行业的竞争情况以及企业客观实际，选择一条适合自身的激励模式。

（4）确定股票（股份）价格：一般是确定授予价格和退出价格，股权激励的价值衡量、行权价格为固定还是浮动等则是非上市企业和上市企业共同面对的问题。

（5）确定激励周期：一个完整的股权激励计划可以称为一个周期，大周期一般包含激励方案的制订、授予、等待、行权、禁售和解锁等。

（6）确定股票和股份来源：确定用于股权激励的股票（股份）来源，而用于股权激励的股票和股份主要来自原股东出让、增发新股、公司回购股份以及发行新股时专门预留等。

（7）确定资金来源：即确定购买激励股份主要资金来源，常见资金主要来源为被激励对象直接出资（无条件授予除外），被激励对象以奖金或分红方式抵扣以及企业对被激励者进行资金上的资助。

（8）股权激励方案的制订：上述关键要素确定后，企业就可以制订完整的股权激励方案并开始实施。

4. 非上市公司实施股权激励必须解决的问题

（1）股东进退机制的问题：随着公司的发展，公司经营管理者及其他核心骨干员工中有的会离开公司，新的核心骨干员工会加盟公司。根据员工持有股份的设计目标，离开公司的员工就要退出股份，而新进来的核心员工应持有股份。由于企业属于非上市公司，所涉及的股东进退机制很难理顺，操作起来比上市公司要复杂得多。

（2）购买股权的资金来源问题：很多企业的员工通常不具备大额股权行权支付能力，因此企业有必要提供一定程度上的财务支持，或容许以非现金的形式完成行权。如果在涉及含国有股权的公司采取非现金行权，则有私分国有资产的嫌疑。上市公司进行质押贷款程序简便，但非上市公司进行股权质押则存在较大的风险问题，银行对非上市公司开展的股权质押业务成交量少，证券公司亦是如此，这样员工购买股权的资金比较难解决，严重影响公司股权激励计划的顺利实施。

（3）公司价值有效评估问题：按照经济学的观点，公司的价值只有投入市场才能通过价格表现出来，但是非上市公司要评估其价值却要难得多。目前，大多数公司以净资产作为评价标准，但是净资产会计处理方式不同会导致公司价值差异很大，无法真实反映公司长期价值。

【案例分析】甲公司的员工持股制度

甲公司作为非上市公司，该公司的员工持股制度是非常成功的。

甲公司成立之初，企业经营非常艰难。没有任何背景、大量的研发资金投入需求、为吸引和留住核心研发人才支付高薪，在很多企业管理者看来几乎是不可能有发展的。甲公司早期实施的员工持股计划被公认为是其成功因素之一。总结起来，甲公司的内部持股发展主要经历以下几个阶段：

1990 年起，甲公司开始尝试员工持股制度，在当时的股权管理过程中，甲公司将这种方式明确为员工集资行为，参股价格为每股 10 元，以税后利润的 15% 作为股份分红，向技术和管理骨干配股，这种方式为企业发展积累了宝贵的发展资金。

1997 年，深圳市颁布《深圳市国有企业内部员工持股试点暂行规定》，甲公司参照这个规定进行员工持股制度改制，完成第一次增资。甲公司当时在册的 2400 多名员工股份全部转到甲公司工会的名下，占总股份的 61.8%。内部持股与员工工资、年终奖金以及退休金等一起共同构成甲公司的薪酬体系，这次改革后，甲公司员工股的股价为每股 1 元。这段时期甲公司已进入高速增长期，随着每年销售额的爆发式增长，员工股回报率在正常情况下能达到 70% 以上，甲公司的高薪及员工持股激励政策形成了强大的人才吸引力，这套激励体系为甲公司聚集了大批优秀人才。

2001 年起，甲公司对股权制度进行调整，将内部员工股更名为“虚拟受限股”。在改制后，员工不再配发每股 1 元的原始股票，而是以公司年末净资产折算价值期权。老员工的股票按 2001 年年末公司净资产折算每股价格增值到 2.64 元。员工离职时必须按上年股价将股权转让给公司回购。随着公司规模的扩大，甲公司的股权激励逐渐开始向少数核心员工及优秀员工倾斜。对于普通员工，中长期激励则采取以原有股票分红权为主，同时减少新增配股的方式。甲公司的员工持股计划经历了从自由产生到逐步规范化发展的过程。

甲公司员工持股计划成功的主要原因有以下几点：

1. 甲公司的成功源自企业经营管理理念的成功：甲公司把企业利益与员工收益捆绑在一起组成利益共同体，让内部持股起到了应有的激励效果，达到股东与员工的双赢。

2. 持续的高分红高配股：为减少支付现金红利造成的财务压力，甲公司在每年高额分红的同时向员工高额配股。这样做的好处可谓一举多得，一方面坚定了员工持有和购买股票的信心；另一方面减轻了因分红给公司带来的现金压力。

3. 甲公司独特的企业文化：甲公司的企业文化是奖励认同公司价值观的员工，这样的文化氛围进一步为甲公司员工持股计划提供了有力支撑。

三、上市公司的中长期激励模式

上市企业作为公众公司，不仅要求企业财务状况公开化，其激励方案受相关法规的监管也非常严格，需要受《公司法》《上市公司股权激励管理办法》的约束。如果是国有控股公司，还要受《国有控股上市公司（境内）实施股权激励试行办法》及《国有控股上市公司（境外）实施股权激励试行办法》的监督和管束，其股权激励方案较为透明。

由于上市企业受到相关法规的约束，其股权激励形式主要以股票期权、限制性股票和股票增值权等方式为主。

- 股票期权：股权激励的一种典型模式，期权又称为选择权，是指公司授予激励对象的一种权利，激励对象可以在规定的时期内以事先确定的价格购买一定数量的本公司流通股票，也可以放弃这种权利。股票期权的行权也有时间和数量限制，且需要激励对象自行为行权支出现金。
- 限制性股票：是指公司事先授予激励对象一定数量的股票，但对股票来源和抛售等有一些特殊限制，一般只有当激励对象完成特定目标（如扭亏为盈）后，激励对象才可抛售限制性股票并从中获益。
- 股票增值权：是指公司授予激励对象的一种权利，如果公司股价上升，激励对象可通过行权获得相应数量的股价升值收益，激励对象不用为行权付出现金，行权后获得现金或等值的公司股票。

上市公司股票定价与非上市公司股票定价明显不同，上市企业由于相关法规明确、市场化和透明度较高因而可操作性比较强。

无论是限制性股票还是业绩股票，一般都在激励计划的授予或者解锁方面附带一定的业绩目标，再根据这些业绩目标的达成来决定被激励对象是否有权被授予或有权行权。

关于上市公司股权激励管理办法，参考证监会发布的《上市公司股权激励管理办法》（这项管理办法对于正规上市公司是参考性非常高的规范，作为企业高管和 HR 需要了解）。

四、中长期激励方案实施步骤

企业实施中长期激励方案一般按照以下流程来实施：

（1）依据企业经营发展战略确定中长期激励目标和总原则；

（2）详细调研并确定适合企业中长期发展的激励方案；

（3）确定激励受益对象的范围，同时进行激励方案预期效果调研和可行性分析预测；

（4）激励方案要有配套的激励管理制度，同时进行内部公示；

（5）针对被激励对象（如企业高管和核心骨干）建立规范的考评体系；

（6）评估被激励对象的相关激励份额；

（7）执行激励方案需要签署，文件同时登记有关权益；

（8）薪酬与绩效考核委员会监控激励方案实施全过程；

（9）激励方案对应激励权益的实施；

（10）激励实效效果的有效评估。

上述中长期激励方案的实施流程需要根据具体选择的激励类型做适度调整。

五、股权激励时机及激励效应

企业正常的生命周期分为五个阶段：初创期、发展期、成长期或扩张期、成熟期、衰退期，每个阶段的股权激励对象和实施要点都不同。

表 19-1 股权激励时机及激励效应

阶段	重点激励对象	企业经营特点	股权激励常见方法
初创期	企业核心高管	强调公司未来前景，做好原始股权分配，把公司做活	期权模式或虚拟股票方式
发展期	企业核心高管和优秀的业务骨干	把公司做稳，使公司健康发展	通常有股票期权、业绩股票激励模式、虚拟股票激励模式，少数企业会采用限制性股票
扩张期	所有核心骨干	把公司做大，股权激励开始成为重点	期权一旦在资本市场兑现，所获取的利益将非常可观
成熟期	所有核心骨干	把公司做强，满足未来资本市场的需要	除了期权形式之外，还有限制性股权激励模式、业绩股票激励模式、年薪制转股权的模式、股票增值权模式等

六、如何应对股权无激励效应

股权激励对企业的发展有着非常重要的价值，股权激励在降低公司运营和管理成本、激发企业经营者的聪明才智和敬业精神、改变公司治理结构以及激发核心骨干潜能方面发挥了关键作用，有效的股权激励最终会持续推动整个公司经营业绩。

在现代股份制企业里，所有股东或者说管理者都存在最低期望薪酬的心理底线，只有当现实的薪资水平高于管理者期望的最低薪酬水平时，管理者才可以接受股权作为工资的替代薪酬模式。薪资水平低于管理者期望的最低工资水平时，股权的替代功能就变得很弱，甚至失去激励效应。如果企业处理不好，很容易使股权激励产生负面效应。

在这样的情况下，企业该怎么处理这种无激励效应的股权激励方式呢？

具体解决思路可考虑如下：

1. 如果股权预期是零收益，那么企业管理者将会对持股毫无兴趣。主要原因在于两点：一是企业授予管理者的股权份额非常有限，很难达到对公司经营管理权的有效控制；二是控股公司所有者不会随意地把自己的控制权移交出去。

2. 实施股权激励的管理者持股首先看重的是股权的收益性，如果仅仅增加管理者的持股水平而不增加管理者的预期收益，未必会满足管理者的期望收益。只有当管理者预期提高时，运用股权激励才更有效。

3. 如果管理者对股权未来行情看跌，即使授予管理者更多的股权，其激励作用也很有限甚至无激励作用。因为当管理者对股权不看好时，他会认为股权凭证如同一张废纸；相反，当管理者对股权行权趋势看涨时，授予管理者股权虽然不能马上增加其收入，但他的工作积极性会提高，并能为公司创造更大的价值。

所以，股权激励要和有效的精神激励相结合，才能充分发挥股权激励的作用。

七、股权激励实施的注意事项

事实上，企业在设计股权激励方案时，最需要明确的一点就是实施股权激励的根本目的是什么，企业在实施股权激励时需要特别关注以下要点：

1. 要清晰把握股权激励的核心目的

股权激励是一种有效激励人才的手段，股权激励不分配现金而是分配股份权利，股权激励必须重点突出股权的激励性。

2. 要明确股权激励适合的企业

并非所有企业都适合搞股权激励，企业具有成长性是实行股权激励的关键，否则无法实现增量激励。市场或技术主导型、成长性好并具有较大发展潜力的企业特别适宜实行股权激励。此外，很多快速发展的高科技企业需要大量高薪的人才，但往往缺乏现金，股权激励可以替代大量现金薪酬，能够留住核心人才。

3. 要明确股权激励适用的对象

运用股权激励要重点突出股权激励性，避免股权激励的福利性，因此必须要控制股权激励的授予范围，否则股权激励就失去了价值。

企业实施激励的对象，首先考虑公司高管，其次考虑企业最核心的技术人才和销售人才，后期股权激励方案要考虑新进入公司的核心人才。

4. 保证股权激励方案设计的公正性

股权激励方案的制订必须由独立董事和外部董事主导，广泛征求股东意见，确保股权激励方案和操作合规，并符合股权激励目的。

通过合理设定股权激励的业绩条件、约束条件、考核条件、管理条件，全面遏制管理层寻租。股权激励是全新薪酬制度的一种重要分配形式，由此带来的极高收入自然能调动管理层的积极性。KPI 考核业绩条件的设定要客观并具有挑战性，在约束条件上须设置合理的锁定条件，使拥有者的收益分布在权利有效期内。在方案实施过程中，要根据企业实现业绩的情况兑现股权激励股份，对已执行股权激励依据锁定的条件进行监管。若激励对象出现激励方案约定的违约行为，则要依照规定取消或收回授予的股份。

5. 科学选择绩效考核方法和指标

科学的绩效考核方法和考核指标是准确评价激励对象业绩和绩效的必要条件。

绩效考核重点放在衡量企业的盈利能力和持续创新发展能力上。股价上涨若是由于行业和市场趋势的变化引起，则与管理者的努力无关，管理层不应获得股权激励。在实际考核方法的选择上，应采用指数化期权、限制性期权行权价格、经济增加值指标、KPI 考核指标、平衡计分卡综合评价指标等，才能比较客观公正地衡量经营者的工作业绩和贡献。

6. 慎重选择激励方式

每种股权激励的激励成本、激励效果以及激励对象获得的权益均存在很大差异，企业管理者要依据企业经营管理的实际情况和市场竞争等条件进行选择。

小贴士

从目前我国实施股权激励的公司情况来看，仍然存在公司经营者短期行为的问题。根据设计方案，他们能在短期内取得股票，然后在“现金为王”的经济利益驱动下，急于行权，急于变现，把手中的股票转变为现金，这就与我们推行股权激励的初衷背道而驰。

第二十章

非物质激励的有效管理艺术

本章导读

- 物质（如薪酬）激励有哪些局限性？
- 如何看待绩效薪酬激励双刃剑效应？
- 员工有效激励应考虑哪些管理原则？
- 非物质激励都有哪些常见管理方式？
- 物质激励和非物质激励应如何结合？
- 为什么员工光靠精神激励无法持久？
- 有能力也有热情的员工应如何激励？
- 有能力但是没热情员工应如何激励？
- 没能力但是有热情员工应如何激励？
- 没能力也没有热情员工应如何激励？

员工激励是企业一个永恒的话题。说起激励，我们往往会想到丰厚的奖金、奖品，这些都能激发一个人努力拼搏创造好成绩的热情。但物质上的激励所起的作用往往是短暂的，随着时间的推移，这些激励的效果会越来越差，直至降为零，按照马斯洛需求层次理论，即为“已有激励不再起作用”。

成功的企业经营者在实践中认识到这样一个道理：只有将员工团结在一起，激发他们的工作热情和内在潜力，使员工把自己的智慧、能力和需求与企业的发展目标结合起来，去努力、去创造、去革新，这才是企业唯一的发展道路。

正因如此，成功的企业都十分重视激发员工的积极性与创造性，愿意花费更多的时间和精力致力于激发员工的潜力，并把这种激励作为企业长盛不衰的法宝来看待。

一、薪酬激励方式的局限性

货币激励简单明确，但必然受财务资金预算的约束。人的需求不只是物质需求，还有很多精神需求。过多使用货币激励容易给人造成员工的努力只是追求金钱收入的错觉。同时，货币激励的差异化在不同的激励主体之间会引发攀比，因而可能会产生负面影响。

而非物质激励的差异化管理与货币激励的差异化管理相比有着多方面的优势：

1. 它不受财务资源的约束。非物质激励主要体现在主管对下属的关注、鼓励和有针对性的指导上，特别是及时对下属的工作予以认同和指导。这种激励不受时间和地点的约束，也无须财务的支撑，可以说“取之不尽，用之不竭”。

2. 它可充分体现激励的差异化。非物质激励多属精神激励，不易区分奖励的等级，这类激励的针对性也特别强，可随时依据下属的工作表现或具体行为来进行。

不能说非物质激励方式肯定是最好的，但是没有非物质激励是万万不能的，在实际管理中必须要将物质激励与非物质激励有机结合，互相补充适用。

二、绩效薪酬激励的双刃剑

在人力资源市场上，人才作为稀缺资源是各个企业竞相争夺的对象。有些企业为了吸引和留住人才，为他们提供的报酬越来越高，竞争结果常常使得各企业为员工提供的薪酬呈现不断上升的趋势，但很难有一家企业能够长期保持自己为员工提供的薪酬始终处于同行业的领先地位。

很多企业为了招揽人才，不惜用高薪从其他企业挖人。在短期时间内，加薪是有激励效果的，但是会很快转化为企业的高成本与负担。而且，仅通过高薪的激励，员工会形成一种对定期加薪的期望，导致成本逐年上升，这对很多中小企业来说是很难承担的。

企业把物质报酬作为激励员工工作的主要甚至唯一方式，从表面看来是一种等价交换的关系。但是，在缺乏其他激励方式和良好企业文化的情况下，这种激励很容易使员工陷入一种等价交换的观念。在这种心理的作用下，员工会觉得企业只关注利润，而并不关注他们的心理，这使员工和企业之间形成一种金钱对立关系，这种关系很难使员工形成对企业的忠诚感、归属感和自我奉献精神。

三、有效激励的管理原则

有效激励的管理原则主要包括：

1. 必须从人性出发来考虑

必须从人性出发去探索人们行动背后真正的动力源泉。我们发现，危机、荣誉、使命、竞争、沟通、生存、兴趣和空间能带给人们最强大的行动力。

2. 根据不同员工需求层次给予不同激励

不同员工的需求层次不同，因此制定激励对策的时候必须针对不同的层次制定具体措施。

表 20-1　针对不同需求层次的管理措施

需求层次	管理措施
自我实现	给予事业成长机会、鼓励创造力、鼓励成就
自尊和地位	公布个人成就、赞扬良好表现、经常给予回馈、给予更大的工作责任
归属和社交	举办社交活动、组织团队
安全和保障	营造工作安全感、提供福利、提供安全的工作环境
生理需要	提供公平薪资、提供足够休息时间、提供舒适的工作环境

此外，对于工作热情及能力不同的员工也要区别对待。

表 20-2　针对不同工作热情及能力的员工的激励对策

类　别	激励对策
高热情高能力	重用并给这些人充分授权，让其承担重任甚至可赋予更多的管理责任
低热情高能力	（1）不断鼓励、不断鞭策，通过有效的考核证明其价值，但是在管理上要防止这些“怀才不遇者”的牢骚和不满传染给其他员工 （2）对难以融入企业文化的破坏力极强的员工要及早决策，进行辞退
高热情低能力	充分利用员工热情，及时对他们进行系统培训；提出提高工作能力的具体要求和考核方法；将员工调到最适合的岗位（职务）证明其能力
低热情低能力	（1）限制使用，不要对他们失去信心，但控制所花精力，通过一定的时间来观察 （2）短期内没有改观可以进行辞退

四、非物质激励的管理方式

非物质激励方式有很多，有的书总结出上百种。但是在人力资源管理实践中，最为有效的方式主要包括愿景激励、信任激励、赞美激励、荣誉激励、培训激励、授权激励、晋升激励、竞争激励、餐饮娱乐激励和情感激励等。这些方法需要各级领导进行感情投资，细心体会。

表 20-3　非物质激励常见方法

常见方法	主要原理	实施方式及注意事项
愿景激励法	一个好的愿景是员工工作的内在动力，反之，如果员工在一个企业里看不到希望，就会失去奋斗的动力	一个好的愿景可以激发员工的自豪感，要注意在日常工作会议上向员工及时传达企业未来发展的美好前景
目标激励法	给员工设定一个值得为之努力的目标，让员工知道目标实现对企业的核心贡献价值	目标设定要遵循 SMART 原则，并且与员工进行充分沟通
价值观激励法	价值观决定观念，观念决定态度，态度决定行为，行为决定结果，结果决定绩效。对于企业也一样，如果每个人的价值观相似，那么企业就会形成合力和凝聚力	企业的价值观和经营理念是企业文化建设的核心，一个让员工认同的价值观是企业管理者必须认真思考的问题。如果价值观形同虚设，就不会起到好的作用
信任激励法	让员工感受到“信任无价”的力量，自古以来“士为知己者死，女为悦己者容”，如果员工视领导信任为生命，则可激发员工的创造性	信任不是轻信，要基于对员工能力的客观评价。如果超越员工能力，轻信员工，往往会适得其反
赞美激励法	有效的适度赞美可以给员工带来荣誉感、成就感、价值感	赞美激励是各级领导必须掌握的管理艺术，赞美可以贯穿工作的各个环节

续表

常见方法	主要原理	实施方式及注意事项
沟通激励法	直接坦率并且友好的沟通是企业管理者促使员工参与、激发员工工作热情的最有效的工作方法	作为企业管理者，必须掌握有效沟通的管理艺术。没有沟通，员工就没有目标感和成就感
批评激励法（激将法）	有效的批评和激将法，可以激起员工不服输的心理，最终达到激励员工的目的	要掌握批评的时机和场合，掌握激将法应用的对象。有的人一旦被批评容易被激怒而离职，就会产生适得其反的效果
宽容激励法	如果企业管理者经常批评员工的毛病，就会极大地削弱他们的工作热情，从而影响他们的工作积极性、主动性和创造性	对于偶尔犯错的员工要宽容，给予其一定机会
荣誉激励法	荣誉激励法是把工作业绩与职位晋级、加薪、重奖、评优选先联系起来，以一定的形式或荣誉名称标定下来，主要的方法是公开表扬和奖励等	公开奖励以起到示范效应：奖励政策透明，奖金力度公开，对其他员工要有示范和鼓舞的作用
职位晋升法	古训"人往高处走，水往低处流""不想当将军的士兵不是好士兵"就是这个道理	靠业绩和能力提拔的，要注意及时宣贯，引导员工奋发有为。作为企业领导者，千万不要偷偷摸摸地提拔人
轮岗激励法	日复一日地重复单调且没有任何新鲜感的工作会让员工失去激情，岗位轮换则可以使工作内容横向丰富化和纵向扩大化，让员工焕发新的激情	通过岗位轮换，激发员工工作热情，该方法特别适合职能部门、研发部门
情感激励法	加强员工关怀和爱护等情感因素，就能获得员工的回报	管理者的日常工作要注意对下级的关怀，只要出自真诚的关心，哪怕是微不足道的，都是无穷的激励
兴趣激励法	让员工工作和兴趣有机结合起来，最大限度地激发员工的兴趣点	
培训机会	只有优秀员工才可获得更多学习培训机会，因此这些员工会倍加珍惜难得的培训	企业要建立良性的培训激励机制，绩效考评达到一定标准的人可获得培训机会

续表

常见方法	主要原理	实施方式及注意事项
内部竞争机制	利用员工不服输的心理，引导员工有效竞争	企业要提出挑战性目标，包括部门和负责人具体工作目标要清晰量化
严格考核法	所有岗位（职位）任期内严格考评，做到能者上、平者让、庸者下	很多企业碍于面子不断给表现平庸者更多机会，实际上损害的是企业的根本利益
危机激励法	利用企业经营的危机意识宣贯，让员工感受到外部发展经济大形势，感受到如果大家不努力，企业就不可能盈利，大家的利益就无从保障的压力	作为管理者要打破员工倦怠的思维和工作习惯，树立危机意识，避免"铁饭碗"的思想
有效授权法	有效授权就是对员工的信任激励	授权的关键是信任，只要员工能掌握的，尽可能放手让员工去做，让其去决定
使过激励法	俗话说"使功不如使过"，对于犯过错的员工，只要其有廉耻心，就可以给其重新振奋、证明价值的机会	要注意有过错人员的综合素质和能力，如果能力差，"使过"可能给企业带来更大的损失，要放弃这种方法
榜样激励法	俗话说"榜样的力量是无穷的"，企业树立榜样和典型是必要的	榜样的选择要有原则、有尺度，树立典型后必须有相关宣贯手段做支撑
经常聚会	欢庆能让人们有胜利者的感觉，并且营造出一种认同感、充满积极向上的气氛，也会让我们枯燥的工作变得丰富多彩，让员工对企业有归属感	聚会方式多样，包括部门聚会、生日聚会、晚会、庆功会、旅游等

上述列举的经典方法，原理上容易理解，但是真正实施起来并不容易。原因是很多领导陷入繁杂的业务而没有时间思考这些方式，企业无形中就会增加薪酬激励的成本。

小贴士

除了上述方式以外，还有诸如个人业务承包机制、组建临时工作突击小组、压迫式考核、内部引入外来竞争、鼓励创新等各种方式。

五、非物质激励管理艺术

很多管理者认为，只要多给报酬，员工就会好好干，事实上绝非如此。物质激励和非物质激励都是非常重要的，要高度关注非物质激励管理艺术。

1. 物质激励的局限性要清楚

货币激励简单明确，但必然受财务资金预算的约束。人的需求不只是物质需求，还有很多精神需求。过多地使用货币激励容易给人造成员工的努力只是追求货币收入的感觉，货币激励的差异化对不同的激励主体来讲是可以比较的，但互相攀比可能会产生负面影响。

2. 激励必须做到“两手抓，两手都要硬”

在人力资源管理实践中，作为管理者要改变单一的激励模式，变单一的薪酬激励形式为多种激励机制。要想合理开发企业的人力资源，我们应该因时而变，建立多种合理而有效的激励机制。

在企业管理激励上，必须采取物质激励与非物质激励（精神激励）相结合、以精神激励为主的原则，正激励与负激励相结合、以正激励为主的原则，内激励与外激励相结合、以内激励为主的原则。

3. 激励与约束并用

激励与约束有着不同的功能，两者又是相辅相成、缺一不可的。没有激励，员工就没有积极性。同时，每个人要对他的行为后果负责任。也就是说，他的行动要受到约束。在实际工作中，要具体情况具体分析，在偏重激励或者约束之间适当地作出均衡和选择。

小贴士

作为管理者，真正高明的激励之道还是从精神上入手，即使是最平庸的人，也有着自尊自强的一面，要相信精神的力量是无穷的，一个人内在的激情一旦被点燃，什么奇迹都可能创造出来！

笔者另一专著《企业人力资源管理全程实务操作》有一章“员工激励”，非常详细地阐述了各种非物质激励的管理方式，本书限于篇幅不做过于细致的描述。

第二十一章
不同行业绩效考核与薪酬激励重点

本章导读

- 生产型企业绩效考核与薪酬激励
- 项目型企业绩效考核与薪酬激励
- 服务型企业绩效考核与薪酬激励
- 贸易型企业绩效考核与薪酬激励
- 高科技企业绩效考核与薪酬激励

在我国，企业按照行业类别分类有将近 20 种，主要包括农林牧渔业、采矿业、制造业、电力燃气及自来水供应业、建筑业、仓储和交通运输邮政业、IT 业、批发零售业、住宿餐饮业、金融业、房地产业、租赁和商务服务业、科学技术服务业、水利和公共设施管理业、服务业、教育、卫生、社会保障和社会福利业以及文化体育和娱乐业等。

企业分类标准有很多，按照经营形式不同可以粗略分为：生产型企业、项目型企业、服务型企业、贸易型企业以及研发企业（典型代表是高新技术企业）等。

一、生产型企业绩效与薪酬管理

• 典型企业

机械制造、服装生产等生产制造企业。

• 经营特点

生产管理的核心问题是用最低成本（最佳成本）及时提供符合质量要求的产品，在满足交货及时性和质量符合客户要求的前提下，不断提升企业的经济效益。

• 薪酬模式

岗位绩效工资制这种模式比较适合生产管理人员的薪酬体系，岗位绩效工资制要解决好岗位工资等级确定以及调整问题，要使岗位工资既能实现整体调整，还能实现个体调整，以保证实现薪酬的内外部公平。

• 绩效导向

公司产品的市场竞争地位（以销定产，以产定销）决定着生产环节在整个价值链中的地位。如果产品是竞争性产品，公司实行以销定产政策，那么产品成本、交货及时性、产品质量是依次需要关注的考核权重梯次问题。

如果企业产品有较大竞争优势，那么产品质量、产品成本、交货及时性是考核权重必须梯次考虑的重点问题。

二、项目型企业绩效与薪酬管理

1. 典型企业

工程承包、建筑承包、项目外包等类型企业。

2. 经营特点

以承包项目经济核算为基准，按进度保质保量地完成项目验收，迅速回款。

3. 薪酬模式

岗位绩效工资制是比较适合项目管理人员的薪酬体系，岗位绩效工资制要解决好定岗定编以及人员配置问题。

4. 绩效导向

项目进度、质量和成本控制以及客户的满意度是绩效导向。

三、服务型企业绩效与薪酬管理

1. 典型企业

服务型企业主要分为商业零售业、物流业、仓储运输、会展业、金融服务业、旅店、餐饮业、旅游业、电信及增值服务、广告业、信息咨询服务、物业、连锁超市等。

此外，烟草、石油石化、电力供应、供水供气也可以算作服务型企业。

2. 经营特点

"连锁经营"是这些企业的普遍特征，因为连锁经营一方面能迅速扩大规模；另一方面能快速降低成本，无论是制造成本、采购成本还是运营成本。

3. 薪酬模式

岗位绩效工资制、能效工资模式是比较好的选择。

4. 绩效导向

提升销售业绩、降低运营成本是这种类型企业的绩效导向。

5. 管理难点

绩效标准的制定是服务型企业最困难的环节，特别是如何对不同的分子公司（下属连锁企业）制定绩效目标是最棘手的问题，制定的目标要有挑战性同时有实现的可能，各个分子公司考核目标不能一刀切。

四、贸易型企业绩效与薪酬管理

1. 典型特征

我国贸易型企业的主要特点是数量多、规模小，很多贸易公司处于产业链的下游，经营方面采用产品快进快出的方式提高资金周转率，贸易型企业市场竞争非常激烈。

商贸企业主要是从事商品贸易（包括批发零售等）的商场、商店、商厦、商城及各类贸易公司。目前，国内各类商店、购物中心、连锁店等商贸企业遍布于大中城市和乡镇。

2. 经营特点

贸易型企业在供应链中的位置决定了其特定的经营位置，贸易型企业的特点只是在供应链的某个环节上实施相对的市场营销管理。

为了提高企业竞争力，贸易型企业应该在市场营销管理上下功夫，如积极采用电子商务方式，降低交易成本，获取更多交易机会并积极扩大企业宣传等。

3. 薪酬模式

贸易型企业适合采用岗位薪酬模式，可采用“底薪 + 提成”的薪酬结构来激发销售积极性，再辅以适度的年终奖励来激发员工的积极性。

4. 绩效导向

贸易型企业主要考核销售业绩、客户服务质量等指标，考核指标不要过于复杂，不同岗位要有清晰的目标导向，社会基层人员的考核要实现“多劳多得”的目的。

五、高科技企业绩效与薪酬管理

1. 典型企业

高科技企业是一种以高新技术为主要投入，以技术研发、创造和利用为主要形式，强调特殊高科技人才资源的积累和运用，并追求持续创新的新型智力密集型企业。

高科技企业是一种以知识资本为核心进行资源配置的组织模式。高新技术企业需要根据科技部、财政部、国家税务总局联合修订印发的《高新技术企业认定管理办法》及其附件“国家重点支持的高新技术领域”来认证。

典型企业非常多，如百度、阿里巴巴、腾讯、神州数码等都是高科技企业。

2. 经营特点

高科技企业的行业特点是，高科技企业生产提供的均是较为先进或前沿的技术、产品和服务，处于社会经济发展的前沿领域，技术优势是企业竞争力的具体表现，且竞争程度激烈。高科技企业必须拥有客户所需要的，且只有自己或少数企业所掌握的先进技术，才能够有足够的市场占有率和收益。因此，高科技企业之间的主要竞争是技术领先的竞争。

3. 薪酬模式

高科技企业适合选择基于市场的薪酬模式，具体可采用宽带薪酬的方式。

4. 绩效导向

人才是高科技企业发展的核心，但高科技企业人才流失严重。高科技企业作为智力高度密集的企业，适宜采用多种考核激励模式来鼓励科技创新，如项目奖、创新奖、年终奖以及股权激励等方式。此外，企业要为员工提供学习、培训的机会，重视员工的个体成长与事业发展。

小贴士

我国企业经济成分划分为9种类型，主要包括国有经济、集体经济、私营经济、个体经济、联营经济、股份制经济、外商投资经济、港澳台投资经济以及其他经济。每种经济成分企业的管理思想不同，经营理念不同，造成绩效考核与薪酬激励模式选择也不同。

限于篇幅，本书不再对各种经济成分企业的详细特征进行赘述，感兴趣的读者可查阅相关资料自行学习。

第二十二章

绩效考核与薪酬激励经典案例解析

本章导读

- 绩效考核目标不清晰应当如何考核?
- 为什么设定目标反而导致矛盾加剧?
- 排名能否真实反映员工的绩效好坏?
- 一个失败的绩效反馈面谈的案例
- 一个失败的 360 度全面考核的案例
- 制定目标缺乏民主参与导致考核流产
- 绩效考核指标过于刚性的直接后果
- 管理者对绩效考核放手不管的后果
- 纵向失衡导致公司经营目标难产
- 奖金分配方案不公带来消极反应
- 薪酬方案为何没起到激励作用?
- 高薪激励在这家公司为何失败?
- 薪酬制度不合理造成的不良后果
- 员工为何因薪酬待遇不断抗议?
- 这家公司核心骨干为何辞职?
- 单纯搞精神激励方案的后果
- 销售薪酬激励如何设计才有效?

一、绩效考核目标不清晰应当如何考核?

【案例介绍】

A公司是一家商贸公司，共有员工300多人。在全体员工的齐心协力下，公司销售额不断上升。到了年底，人力资源部组织年度绩效考评。由于员工绩效考评结果与年终奖金挂钩，大家都非常重视，很多平时不努力的员工更是忐忑不安。

销售部负责人老孙拿到人力资源部送来的年终考核表后却不知怎么办，该表格主要包括对员工工作业绩和工作态度的评价，其中工作业绩评价总共分为三级，主要是“A级 = 超额完成工作任务；B级 = 基本完成工作任务；C级 = 没有完成任务”。由于去年一年来公司组织架构多次调整等原因，销售部人员经常变化，老孙并没有将员工的业绩目标确定下来。因此，年终业绩考评时，无法公平合理的考核员工业绩，至于工作态度就更难填写了，老孙感觉无论怎么评价都非常为难。

人力资源部要求尽快提交年终考核表，老孙只好敷衍了事，但总感觉这种“缺乏君子约定”的考核对员工实在不公平。

【主要问题】

（1）该公司绩效考核存在哪些突出问题?

（2）销售人员进行绩效考核时应该注意哪些问题?

【问题分析】

（1）该公司年终绩效考核存在的问题

- 考核目的不明确：绩效考核的核心目的是提升公司管理水平。考核过程中要及时发现员工工作的缺点与不足，持续改进员工绩效从而改进公司的整体绩效。如果“为了考评而考评”，那么就失去了考核的价值。
- 绩效目标不清楚：考评者和被考评者对于年初制定的绩效目标不明确，特别是组织结构多次调整后应及时调整为短期考核目标，否则会使考核失去评价的基本依据。
- 缺乏绩效过程控制：考评缺乏证据性，从而使得考核失去了管理价值。

（2）销售人员绩效考核应该注意的问题

- 考核指标要明确：年初制定的指标、年中安排的指标都要有明显的差异，要让员工得到公平的目标指引。
- 规范过程控制，特别是要规范考核周期：销售人员按季度考核是一种不错的方式，季度考核作为基础，年度考核就会有数据来源。
- 要及时制订绩效改进计划：为员工绩效改进作必要指导，从而促进公司业绩目标的有效达成。

二、为什么设定目标反而导致矛盾加剧?

【案例介绍】

C公司是一家生产销售电子产品的公司，老总经过名牌大学MBA系统学习和培训后，决定进行绩效考核，全面实施目标管理。为了保证考核制度的平稳实施，公司老总先在销售部试点目标考核法，通过对比实际销售额与目标销售额，支付给销售人员相应的绩效奖金。

在实施绩效奖金后，公司的销售业绩大幅度提升。公司决策层决定为所有部门和经理以及关键员工建立一个目标设定流程。为了实施这个新的方法，他们需要用到绩效评估系统，生产部门的绩效目标包括按时交货和库存成本两个部分。他们请了一家专业咨询公司指导管理人员设计新的绩效考核信息系统，就现有的薪资结构提出建议，还请专业咨询顾问参与制定奖金激励体系。该激励体系与年度目标的实现密切相连，老总们期待着能够快速提高公司的销售业绩。

然而让人意想不到的是，公司业绩不但没有上升反而下滑，原因在于部门间的矛盾加剧，尤其是销售部和生产部之间。生产部埋怨销售部销售预测准确性太差，而销售部埋怨生产部无法按时交货，生产部在考核指标高压下拼命生产，产品质量不断下降，造成客户满意度下降，产品销量也随之下滑，最终导致公司利润持续下滑。

【主要问题】

为什么设定与工资挂钩的目标反而导致矛盾加剧和利润下降？

【问题分析】

该公司出现上述问题并不奇怪，主要原因包括：

（1）公司设定的目标不全面，内部没有关联。每个部门只专注于对自己非常重要的几个目标，没有和其他部门有效关联起来，“各自为政”的理念造成部门间的配合不到位，各部门的目标互相之间没有联系，只是和公司内上下级之间有联系。

（2）公司利润目标不符合公司扩大市场份额的总体战略。公司的生产和销售是有承受限度而不是无限上涨的，公司的经营必然受到人力和财力的限制，突破这种限制需要公司进行全方位的战略设计，包括人力、物力和财力的全面配套。

该公司只关注销售额和按时交货，但是作为公司经营战略而言，必须是全方位的、系统的，管理目标的任何偏颇都会造成公司绩效考核管理的失衡。

三、排名能否真实反映员工绩效的好坏?

【案例介绍】

D公司为了更好地进行对各级人员的评价和激励，于是人力资源部引入全新的绩效管理制度，该制度细化“德、能、勤、绩”4项领域指标，同时完善了年度工作业绩突出的考核办法和奖励办法。这套考核体系设计的重点是将“德、能、勤、绩”4个方面的内容细化延展成10项指标，并将每个指标都量化出5个等级，同时概要描述每个等级定义。考核时只需将被考核人的实际行为与描述相对应，就可按照对应成绩自动累计相加得出考核成绩。

该套考核体系运行一年后，李总在年底总结会上认真听取了公司上年度绩效考核执行情况的汇报，其中有几项让他感到困惑。

【问题1】经过上年度考核成绩排序，成绩排在最后的却是在公司干活和吃苦最多的人。这些人是否要按照原先的《公司绩效考核方案》降薪?如果降薪势必会打击这些默默无闻作出贡献的员工的积极性。

【问题2】考核中发生一个奇怪的现象：原先工作比较出色的职工的考核成绩常常排在多数人后面，一些工作业绩并不出色的人却排名靠前。

【问题3】如何对考核排序在最后的人员落实处罚措施：对于考核在末位的员工降职和降薪无疑会伤害到像他们一样认真工作的人，但是不落实则容易破坏考核制度的严肃性和连续性。

【问题4】根据很多经理反映，他们认为本次考核方案需要尽快调整，因为它不能真实反映员工的实际工作。

【问题5】财务部门的工作基本上是按照规范和标准来完成的，平常填报表和记账等都要求万无一失。在本次考核中，公司沿用传统的民主评议方式，因为财务工作经常得罪人，让被得罪的人评估财务部门的工作，这样公平吗?

【主要问题】

（1）该公司绩效考核出现问题的主要根源在哪里？

（2）考核指标应如何设计才能适应不同的岗位要求？

【问题分析】

（1）该公司的绩效考核问题主要在于绩效考核指标的设计不够合理，绩效考核指标在设计过程中要反复和员工沟通并得到员工的充分认可，至于如何对员工的绩效做到合理评价，更是人力资源部需要认真思考的问题。本书作者有一个基本的观点，凡是不被员工认可的考核都是不合理的。

（2）如果绩效考核指标合理，那么对于考核排序在最后的人员则必须落实处罚措施，以维护制度的严肃性和权威性。

（3）考核内容指标体系要紧密结合岗位的特点。例如，销售人员考核要尽可能设置好业绩目标，设计好指标计算方式。对于职能部门而言，要结合岗位职责做好岗位职责指标的细化工作，确保符合不同岗位的要求。对于类似财务这种容易得罪其他部门的岗位，要从反向考核角度（如财务制度实施规范率）来反映他们的管理价值，而不是完全靠 360 度满意度评价来考核。

四、一个失败的绩效反馈面谈的案例

【案例介绍】

小王是 Z 公司销售部员工，被销售部张总叫到办公室进行绩效面谈。

小王进门后，看到张总正在打电话，脸色也不好。过了几分钟，张总便挂断电话，对小王说：“最近我接到公司某客户的投诉电话，说你的工作表现不好！前几天，人力资源部经理找我谈了谈，希望咱们销售部在这次季度考核后和员工逐个谈谈，我原想提前通知你，让你有个准备，但事情实在太多，所以今天临时决定和你谈谈。”

等小王坐下后，张总又说：“刚才是咱们的新客户朱总打来的电话，朱总说我们公司的产品质量有问题。他说曾经给你打电话反映过这个问题，你当时并没有向朱总解释清楚，对吧？”

小王顿时紧张起来：“张总，我接到朱总的电话后就和研发部门负责人进行了沟通，研发部门负责人认为这个问题应该由客户自行解决，我这才没放在心上。”

“不及时帮助客户解决问题怎么行呢？市场竞争这么激烈，你知道失去一个客户的后果吗？你明天抓紧把这件事处理好，不然我们今年的业务就下滑了！”说着张总拿出一页纸，上面有几行手写的字，小王坐在对面没看清楚。

张总接着说：“这次季度考核的结果估计你也猜到了，你的销售业绩在部门里最差，按照公司的考核制度，你这个季度的绩效工资不能发了……小王啊，做市场是需要动脑筋的，你看和你一起进公司的小周多能干，你要多向他学习！”小王从张总的目光中先是看到了责怪，又看到了他对小周的欣赏，心里很委屈。

“张总，这个季度我的销售业绩不佳是有原因的，我才进入公司几个月，还在开辟新客户，而且负责的销售区域也不占优势……”小王还想接着讲却被张总打断了。

“小王，找理由和借口没有用，公司已经和你签订了考核任务书，你就要无条件完成，否则我也帮不了你！”

“张总，我这个季度的绩效工资都不发了吗？我才进公司几个月，公司的考核制度怎么这么没有人情味呢？”小王越发沮丧起来。

正在这时，公司前台跑来让张总去接个紧急电话，张总匆匆离去，让小王稍等片刻，小王呆坐着，心情忐忑地回想着张总刚才说的话。5 分钟后，张总匆匆回到办公室。

“我们刚才谈到哪儿了？哦对，小王，做销售眼光要长远，不能只盯着一时的利益得失。你还年轻，好好干会出成绩的，这季度被扣除了绩效工资，等年底你业绩做好了，公司会酌情给你补偿嘛！”张总试图鼓励小王。

“我怎么做才能把销售业绩做好呢？希望您多帮帮我！”小王恳切地问。

“做销售要有信心，还要有耐心，要慢慢来。想当年公司规模还小，老总每天带着我们跑市场，耗费了很多心血。现在我们公司有了一定的市场占有率，知名度也有所提高，你们比我们那时候跑市场容易多了。”

小王正打算就几个具体的问题请教张总时，张总的手机突然响了，他匆忙对小王说：“我要下班接儿子去了，今天的面谈就到这里吧，以后你好好干！”说完，张总离开了办公室，只留下一脸困惑的小王……

【主要问题】

销售部张总的绩效沟通主要错在哪儿?

【问题分析】

看完上面的案例，我们可以充分判断这是一次失败的面谈。

绩效考核的一个主要目标，就是要帮助员工个人和组织改进绩效，从而能够及时、妥善地对考核的结果进行反馈，这将直接影响到整个考核工作的成效。

绩效反馈面谈是人力资源绩效考核管理活动中的关键环节，从一定意义上来讲，绩效管理的本质目标是公司各级主管和员工为了完成企业战略目标而进行的全年持续沟通过程。这些有效的沟通主要包括绩效考核目标的有效沟通、绩效考核过程中持续的绩效沟通以及绩效考核结果的自评与沟通等。绩效沟通贯穿绩效考核全过程，绩效沟通效果关系着绩效考核的成败。

【解决方案】

一套完整有效的绩效沟通，作为管理者应尽可能做到：

（1）充分的绩效面谈准备工作。本案中张总不重视绩效反馈面谈，没有做好准备工作，这一点可以从多方面反映出来。例如，他临时决定面谈，面谈过程中突发事件不断，多次打断绩效面谈。在绩效面谈过程中，他没有准备翔实的员工绩效记录作为证据，明显是没做准备。沟通失败的根源还是在于他对绩效反馈面谈没有足够的重视。

（2）绩效考核方法应避免过于简单而不够科学。从张总的谈话中我们可以初步判断，该公司销售部员工的绩效考核标准是单一的销售业绩指标，这种单一的考核方法虽然简单易行，却会产生很大的问题，比如会导致员工对于绩效考核结果存有争议，导致员工单纯追求业绩而忽略了公司整体战略目标的持续推进。

（3）绩效访谈不能只谈下属缺点而不谈优点，不给下属说话的机会。在绩效面谈正式开始之前，张总提到了与客户打电话的事情，导致员工情绪状态明显不利于稍后进行的面谈。张总的言语当中明显存在着对小王能力的怀疑，但他却没有拿出具有说服力的证据。接下来，张总又拿同事与小王进行对比，犯了面谈的大忌，严重挫伤了小王的自尊心。

（4）未能有效提出改进绩效的具体措施。在张总告知小王其绩效考评结果最差时，小王本打算和张总深入探讨他个人销售业绩不佳的深层次原因，尽管小王所述未必完全属实，但张总还是应该认真对待，仔细听取他的看法。而张总却岔开了话题，没有探寻该问题的深层原因。由于缺乏对于绩效考评与绩效管理的正确理解，销售部张总并未帮小王解开心中关于公司为何扣除其绩效工资的疑惑，反倒一味地责怪和埋怨，这种绩效面谈实际上起不到任何好的效果。

五、一个失败的360度全面考核的案例

【案例介绍】

F公司的刘总在一次朋友聚会中听同行说360度考核方法好处很多，回公司后，他第一时间让人力资源部经理刘莹推行这套考核系统。刘莹凭着扎实的理论和实践经验，编出了一份360度考核制度及《360度考核总体实施方案》。刘莹计划组织所有部门经理级别以上人员开会，说明新考核方法的目的和指标设定等问题，但很多经理因忙于业务而心不在焉地听了这个考核。公司老总也没有出席这个关键的会议。

按照360度考核安排，第一次考核时，刘莹向各部门收取了对相关部门的评价，却发现每个部门给相关部门都是100分满分，评分上基本上没有差距。

刘莹迷茫了，不是都说好按照360度考核吗？怎么下面的经理都在应付，都在互相做老好人呢？这种考核有什么价值和意义吗？

【主要问题】

这家公司推行360度考核主要存在哪些问题？

【问题分析】

（1）绩效考核的方法选择要有针对性：绩效考核方法有很多种，包括关键绩效指标（KPI）、目标管理法（MBO）、平衡计分卡（BSC）、360度评估等。公司应当依据自身的经营发展战略和公司的管理能力选择合适的考核方法，最流行的方法不见得是最有效的。

刘总仅仅听同行提及360度考核不错，没有考虑公司是否具备实施360度考核方法的管理条件，就要求执行这种考核方法，这显然违背了要依据本公司的战略和管理能力选择考核方法的一般规律，实践证明这样做是不可取的。

（2）绩效考核是公司的"一把手"工程：公司最高领导者应给予足够的重视和支持，应亲自参与并协助考核组织制订有效的考核方案，而且要牵头推行考核，确保考核的实施。

总经理作为绩效考核的第一推行者，并没有参加关键会议来表现出对绩效考核的决策支持，无法形成绩效考核的公司文化，最后导致绩效考核流产。作为部门直线经理担任重要的考核评分工作，人事部门是考核的策划和指挥部门，其主要任务是制订方案、核算考核结果并做好绩效沟通的详细计划部署。

（3）该公司的360度考核方法流于形式：对部门之间的考核方法没有量化，考核缺乏具体考核指标的有效牵引，且不同行为的考核结果分数一样，表明该公司设计的考核评分标准没有细化为各部门（员工）的业绩指标。

此外，每位管理人员凭主观打分的情形比较严重，管理人员缺乏对考核评分标准的理解，需要对管理人员进行360度考核方法和实施要点的系统培训。

六、制定目标缺乏民主参与导致考核流产

【案例介绍】

G公司销售部郑总在公司管理方面一向比较强势，最近该公司实施了绩效考核管理，公司管理层根据总体发展战略规划为销售部制定了本年的年度目标，郑总根据经验把销售目标细分给本部门各销售员，其中不仅包括个人年度目标，还包括季度目标，但是基层的销售人员对此情况并不了解。

第一季度结束后，公司来了不少新销售员，由于他们经验不足，对业务还不够熟悉，所以第一季度销售部的季度业绩考核成绩很差。于是所有销售人员都开始抱怨，他们对公司的销售考核非常不满，认为公司制定的销售目标不合理，自己根本不知道这些考核目标从何而来，也没有自愿承诺一定要实现这些目标，而且他们没有得到相关资源的支持和帮助，因此对绩效考核的最终结果很不服气，并且扬言要集体辞职。

【主要问题】

郑总自行制定的考核指标有效吗？

【问题分析】

这是一个典型的行政命令式的目标直接下达、没有经过员工认同的绩效考核的经典案例。在很多公司，由于缺乏必要的制度培训，有些员工对于公司绩效管理制度并不十分了解，甚至不清楚公司的考核是怎样进行的，自己的考核指标是如何得出的，考核的结果是什么，考核结果最终有什么用处，等等。

此外，在一些公司里，上下级之间就工作考核目标进行沟通时往往是很不平等的：管理者习惯通过命令或指派等方式来指挥工作，忽视或者不允许员

工发挥其聪明才智和主观能动性。这种不平等的沟通只会出现一个结果，即口服心不服，员工一肚子抱怨，带着不满情绪去工作。如果公司在推行绩效管理时不能激发员工的潜能，目标得不到员工的认同，上下级之间不能达成一致，那么即便设定了很好的目标，最终也难以顺利完成。

【解决方案】

绩效管理的实施强调绩效计划、绩效实施、绩效辅导以及绩效考核的反馈，这是一个闭环管理系统，绩效管理是指导主管和员工通过承诺共同提高绩效的一种管理工具。管理者必须勇于对员工的发展和提升承担责任，积极引导员工参与到管理活动中来。

作为公司各级管理者，要与员工一起制定绩效考核指标和工作目标，与员工成为绩效合作伙伴。绩效考核必须要和员工沟通并达成一致意见，这种考核才是真正有效的考核。

绩效沟通的核心要点包括：

- 公司整体经营战略是什么？
- 公司年度经营目标是什么？
- 为了完成公司整体目标，分解到每个部门的目标是什么？
- 为了达成目标，每个员工应该做哪些工作？
- 这些工作应该做到什么程度才算合格和优秀？
- 对员工的工作应当制定什么样的考核标准？
- 员工为什么要去做这些工作以及什么时间能完成这些工作，工作安排之前是否和员工沟通过？
- 为完成这些工作需要得到哪些资源支持？需要提高哪些具体的知识和技能？员工应该得到什么样的培训？
- 完成任务考核目标后应有什么激励措施？

就绩效考核而言，最终目标是实现公司和员工的“双赢”。任何一方的成绩里都包含着对方的努力。员工的成长进步离不开企业各级经理的支持、辅导和帮助，经理的工作成绩是员工积极配合、共同努力的结果。

绩效考核使管理者与员工真正站到同一条船上，共担风险、共享利益，所以各级经理与员工之间不再是简单的管理与被管理的关系，而是绩效合作伙伴关系。“双赢”的思维理念要贯穿于各级管理者的管理理念之中。

七、绩效考核指标过于刚性的直接后果

【案例介绍】

H公司是做环保设备的公司，近年来由于全社会关注环保问题，公司连续5年以年均50%的速度实现高速增长，并在同行业中确立了自己市场“老大”的地位。鉴于公司良好的发展趋势，公司领导决定扩建原来的厂房并招聘新的生产工人，将公司生产能力提高到原来的几倍。

后来由于领导错误估计了形势，有些产品市场培育不够，导致公司上半年销售额不到原来计划的一半，按照年初拟定的考核方案和业绩目标，当年年底绩效考核后，不少员工将会有大幅度的降薪，而公司高层却迟迟没有调整目标的意思，为此整个公司人心惶惶。

关于是否调整目标，公司高层一直在犹豫，这其中也有他们自己的原因：公司的绩效目标是年初制定的，公司上下很认真地做了目标确定和分解，如果要调整，那么需要调整的幅度太大，年度的绩效管理考核指标就会白做，老板也不愿看到这样的结果。

【主要问题】

公司应该坚持年初制定的业绩考核指标还是及时调整？

【问题分析】

这个案例属于典型的绩效目标设置“过于刚性”的问题。

公司实施绩效管理固然需要制定绩效目标并希望保持目标不变，以达到目标牵引的考核效果，但公司也应该及时发现经营环境的重大变化，如果变化是难以逆转的，就必须及时调整绩效目标去适应这些变化，而不是

无条件地坚持。

由于市场环境的千变万化，公司的经营方针和经营策略也会出现不可预期的调整，随之变化的应该是员工绩效目标的调整。在制定员工的绩效目标时应略高于被考核员工的实际能力，需要让员工“跳一跳”才能够得着。但如果员工不管怎么努力都够不着，就是目标设定有问题，这样不仅起不到激励效果，对员工来说反而是一种打击。企业在实施考核过程中难免会出现一些困难、障碍和挫折，但如果外部环境发生重大变化导致目标实现已经变得不可能，那么就要及时调整原定的绩效目标。

绩效目标必须根据形势的变化及时调整，这是企业经营战略必须做到的。在经营目标调整过程中，不仅要及时调整绩效考核指标，评估标准、指标权重也可以随时调整，这样才能及时反映公司的经营战略和经营重心。

当然，公司绩效目标的调整是不能随意进行的，它必须具备一定的前提条件才能进行。一般来说，当环境发生变化且可能对公司产生长期影响时，才需要进行目标调整。这些变化主要包括以下几个方面：

（1）外部环境的重大变化。由于经营环境的重大变化，致使原定目标无法实现，原定目标不宜再继续实施，原定目标本身已失去其意义。

（2）公司内部的重大变化。在发生目标责任人变动、公司资源条件显著好转或恶化、其他较大影响导致有关部门目标不能顺利完成等情况时，应考虑对目标进行必要的修改。

（3）原定目标不恰当或者不适宜。原定目标确实过高无法实现或者原定目标过低，对部门和员工失去激励作用等，都要结合业务实际进行及时的调整。

目标调整的方式是：公司在调整绩效目标时应该遵循绩效目标设立时的步骤，将注意力主要集中在新增任务、评价尺度以及优先次序方面。如果目标变化不大，那么只需要在原来的绩效考核表中进行调整即可。如果需要同时增加或取消若干个目标，则意味着绩效目标发生了重大变化，必须进行有效的调整。

当然，新目标确定后需要和各级员工做好充分的沟通，确保公司经营目标的一致性。

八、管理者对绩效考核放手不管的后果

【案例介绍】

某公司根据年初制定的《绩效考核总体实施方案》和各部门成员制定的绩效考核指标，在年底进行了对全体员工的绩效考核，但是绩效考核的结果却很不理想，主要表现如下：

第一，员工绩效考核结果呈现出集中化趋势，优秀的和较差的人员区分不开。

第二，绩效考核的结果不够客观，不能真实反映员工的工作绩效。

第三，员工反映主管平时仍同以前一样很少和他们沟通，所以自己不知道哪些地方做得好，哪些地方做得不好。最后考核结果不理想，在这种情况下就不能全怪员工。

该公司总经理对这样的绩效考核结果很不满意，他责成人力资源部对绩效考核的过程进行详细调查。调查结果发现，绩效考核结果不理想最主要的原因在于：自总经理以下的直线管理者对绩效管理实施过程不重视，平时对员工考核不管不问，对达不到业绩指标的员工没有及时沟通和纠偏，没有按照绩效考核管理制度规定严格落实绩效管理各环节的工作。

【主要问题】

为什么直线管理者在考核中没有发挥应有的作用？

【问题分析】

这是一个直线管理者对绩效管理过程放手不管的典型例子。

在许多公司中，各级直线管理者虽然也认为绩效管理工作很重要，但是从思想深处还是把它看作人力资源部门的事情。当人力资源部门组织各业务部门进行绩效管理工作时，他们会认为绩效考核工作不在自己部门的责任范

围内，业务部门做这些工作是在浪费时间和精力，会影响自己的日常工作，而且他们认为与下属就绩效考核结果进行面谈非常别扭。实在不得不进行考核时，往往也是业务主管根据对下属的印象作出一个非常主观的评价。这样的评价结果肯定不可能完全反映被评价员工的实际绩效，最终结果也只能是使绩效管理工作遭遇员工更大的不满和抵触。

【解决方案】

绩效考核这个过程就是管理者与员工之间就目标制定、如何实现目标达成共识以及促使员工成功实现目标的管理过程。绩效管理既然是一种管理的方法和手段，那么真正的主角就只能是管理者和被管理者双方，也就是考核者与被考核者，绝不能是其他部门或者其他人。

人力资源部门作为服务性职能部门，只能起到组织、协调和指导的作用，而不是绩效管理的主体。对于各级直线管理者来说，帮助下属改进工作业绩应该是他们的一种责任，一个优秀的直线管理者首先应该是一个负责任的人。

直线管理者不愿意与员工进行沟通，在很大程度上是因为他们害怕在沟通过程中出现争吵，或者因员工不认可他们的评价而造成矛盾冲突。

直线管理者应该转变观念，在绩效考核实施过程中要与所管辖员工进行积极的绩效沟通，通过有效的绩效交流和沟通切实达到提升公司管理水平的目的。

九、纵向失衡导致公司经营目标难产

【案例介绍】

I公司是一家总部设在北方大城市的中外合资企业，在过去几年里，该公司的业务一直以平均每年30%的速度高速增长，但他们同时也面临着巨大的国内与国际竞争的压力，其中最大的压力来自本土公司的低价恶性竞争。如果不降价，该公司产品的平均价格将比本土竞争对手高出40%。

为了保持产品的竞争力，该公司打算采用的策略是直接降低产品价格以促进销售量，但是这种采取降低价格的手段势必造成公司利润率下降。为了提升公司利润率，必须从“开源”“节流”两个方面入手：一是降低价格扩大销量；二是要降低公司运营成本。只有降低运营成本，公司才能在产品降价后保持竞争力和维持利润率。此外，公司要加强新产品的开发，对于新的产品要做好差异化竞争。如果公司能够持续不断地开发出本土竞争对手不能提供的新产品，那么凭借公司的品牌知名度和顾客忠诚度，仍然能够以较高的价格出售产品，维持公司的利润率。

从这家公司的经营战略目标来看，领导对于经营战略目标是清楚的，即通过开源节流实现两个目标：一是提高运营的效率，具体做法是大幅降低产品的运营成本，以抵消降价对利润率的影响；二是建立新产品的领先研发优势，缩短新产品研发周期，保证新产品的销售额占到当年产品销售总额的30%以上。公司领导为了战略落地，也落实了各个部门的考核指标，并且和各级经理签订了考核责任书。需要说明的一点是，该公司销售部的关键绩效指标（KPI）只有销售量及回款额的百分比，销售人员的KPI主要包括销售量、回款额百分比和及时性以及每周拜访关键客户最低频率要求等。

然而，该公司在提出新战略半年后，无论是降低运营成本还是开发新产品，都没有取得太大的成效。运营成本与上一年同期相比不仅没有降低反而上升了，而按照计划早该推出的新产品也迟迟不能推出。

【主要问题】

这家公司绩效考核出现问题的根源在哪里？

【问题分析】

该公司绩效考核不成功的主要原因是：

（1）该公司没有建立一个基于战略性的绩效管理体系。虽然各个部门都制定了自己的目标，但是这些目标与公司的战略联系不紧密，甚至脱节。

（2）公司战略绩效体系的实施要做好部门间的协作分工。如建立产品领先优势并不只是研发部门的事情，这项战略要想获得成功，包括销售部门在内的其他各个部门都有责任。

（3）相关考核指标的实施缺乏考核支撑。如衡量新产品销售额的指标，除研发部门外，销售部门没有这方面的KPI，它就不会注重新产品的销售和新产品市场信息的收集。产品缺乏市场导向，新产品研发必然会缺乏市场需求的基础。

事实上，公司销售人员的参与对于新产品开发的成功与否起着非常重要的作用，因为他们是公司中离市场最近的人，对市场的了解也最深。如果没有销售人员向研发和设计部门反馈客户的需求信息和竞争对手的动向，那么原本就有很大风险的新产品开发就更加没有获胜的把握。

【解决方案】

以公司销售部门的绩效指标为例，除了财务指标直接由公司目标分解而来以外，还可以考虑设立销售预测准确率指标和每月市场分析报告指标。

（1）加入"销售预测准确率"是为了满足生产部门的需要，如果预测准确就会降低公司的库存，从而增加运营效率。

（2）加入"市场分析报告"和产品分析准确率的考核指标，满足市场部的需要。因为销售部一般是公司中最了解市场的部门，由它提供的报告应该会比市场部自己收集的信息更准确，对产品研发具有更高的指导价值。

上述考核指标的有效加入，势必对公司产品创新、降低运营成本起到关键的引导作用。

小贴士

笔者另一专著《企业人力资源管理全程实务操作》介绍了"这家IT企业的年终考核为什么会失败"的案例；《人力资源常见管理问题解决方案及风险防范》介绍了"如何有效设置薪酬与绩效的关联""员工如对考核成绩不认同该咋办""如何平衡绩效的长期和短期导向""绩效考核可否评定员工是否胜任""员工激励奖在年终还是奖在平时""KPI指标如何制定才更合理有效""绩效管理都有哪些常见管理误区"等案例。

"成功自有成功的道理，失败则有失败的共性。"事实上，绩效考核确实需要研究管理案例。因为绩效考核存在的问题其实都是有共性的，这些绩效考核典型案例在公司管理中非常值得认真学习和借鉴。

十、奖金分配方案不公带来消极反应

【案例介绍】

J公司是一家拥有1000多名员工的煤矿企业，鉴于该煤矿过去一年安全生产，无事故发生，上级主管部门特地发放50万元奖金奖励该矿在安全与生产中作出贡献的广大员工。

该矿矿长召集下属科长和相关科室的领导开了一个如何分配这50万元安全奖金的会议。这些高层管理者认为，工人只需保证自身安全，而主管们不但要保证自身安全，还要负责一个矿的安全工作。尤其是矿领导，不但要负经济责任，还要负法律责任。因此，这次奖励会议决定将奖金根据责任的大小分为5个档次：矿长级别10000元，副矿长5000元，科长级平均每人3000元，一般管理人员2000元，普通工人一律200元，奖金刚好发完。奖金下发后全矿显得风平浪静，但几天后矿里的安全事故就接连发生。

当矿长亲自带领工作组到各工队追查事故起因时，矿工们说："我们拿的安全奖少，没那份安全责任，干部拿的奖金多，让他们干吧……"对于安全奖的发放，矿工们普遍处于心理失衡的心态。

【主要问题】

（1）剖析该煤矿的奖金分配方案，并说明它产生负向激励原因。

（2）有效的奖金分配方案的设计应重点考虑哪些因素？

【问题分析】

（1）奖金分配方案产生负向激励的原因

- 安全奖金的分配按行政级别，无法得到广大基层矿工的认同。
- 对同一行政级别的员工搞平均主义，对内缺乏公平性。
- 煤矿的员工人数多，每个员工得到的奖金并不多，尤其是基层员工。每个人才200元，员工对激励的感受度低，这很难对他们起到激励作用。

（2）奖金分配方案的设计应重点考虑的安全责任

- 区分负有直接安全责任和负有间接安全责任的员工。
- 区分安全意识淡薄和安全责任意识强的员工。
- 借此机会完善安全责任制。

由于矿工人数很多，如果采用平均主义这种“撒胡椒面”的方式，可能效果甚微。比较好的做法是将这笔资金设立“安全生产奖金池”，对于主动宣传安全生产知识或者在安全生产方面有贡献的员工要给予及时奖励。这种激励方式力度大，激励持续时间长。

对于领导，如果在安全生产方面作出突出贡献的，同样可动用奖金池的奖金，奖励方面要一视同仁。

十一、薪酬方案为何没起到激励作用?

【案例介绍】

K公司是一家主要从事IT产品代理和系统集成的硬件供应商，公司成立几年以来销售业绩持续提升，人员规模也迅速扩大到300多人。然而，公司的销售队伍在去年出现了动荡，销售人员对现有薪酬明显不满的情绪开始蔓延，销售人员消极怠工，公司经营业绩开始下滑。

在这种情况下，管理层痛下决心进行改革，责成人力资源部认真调研，为公司量身定制出一套可行的销售人员薪酬激励方案。

新的方案将销售部门按销售区域划分，同一个区域的业务员既可以卖大型IT设备，也可以卖小型IT设备。后来该公司对销售部进行组织结构调整，将一个销售团队按两类不同的产品线一分为二，建立了大型项目和小型项目两个销售团队，他们有各自的主攻方向和潜在客户群。

虽然组织结构进行了调整，但是两个部门的工资奖金方案却没有跟着调整，仍然沿用以前的销售返点模式，即将销售额按一定百分比作为提成返还给业务员。这种做法看似不偏不倚、非常透明，但是很明显这套方案并没能起到应有的激励作用。

【主要问题】

造成上述分配机制不合理现象的主要原因有哪些？

【问题分析】

这种分配机制产生不合理现象的原因具体有：

（1）按照惯例，公司销售返点模式一般是一季度一考核。而大型设备销售周期长，这就使得销售人员考核周期很难界定。大型设备销售考核周期过短，公司无法获得利润，从而无从回报销售人员；大型设备销售考核周期过长则对销售人员的激励不足。

（2）大型设备成交额很大，业务员的销售提成远远高于小型设备的销售提成，这导致小型设备的业务员心理不平衡，感到自己无法得到更高的收入，公司对自己不够重视，于是工作态度开始变得消极。

（3）很多公司对于大型项目一般是团队合作，这是一种比较好的方式。通常由公司总经理、副总经理亲自领导，公司其他部门紧密配合，这种激励方式的关键是要做好奖励方法，即如何将利润分给所有参与项目的人并确定合理的奖金分配原则。

【解决方案】

通过对以上问题的分析，该公司薪酬奖金方案可以做如下调整：

（1）对两个销售团队重新进行职责定位，明确工作分工。建立全新的薪酬职级管理体系，业绩和绩效工资挂钩，同时要保证其他部门的配合和支持。

（2）要将两个团队薪酬分配体系彻底分开，即为两个团队分别设计一套完整的、自成一体的工资奖金方案。小型设备销售采取以成本利润为基础的返点模式，而大型项目采取的是以目标绩效为基础的年薪制或者团队奖金制；小型设备采取个人激励，大型设备采取团队激励；小型设备考核周期为季度考核，大型设备是以项目为周期进行考核。

（3）公司组织结构的调整配套薪酬结构和绩效目标的变化。薪酬和奖金的变化应为公司战略和新的管理模式服务，同时要保证销售人员薪酬激励政策顺利执行。作为公司管理者应该考虑以下几个方面：

- 要引导员工建立正确的绩效管理理念，特别是销售回报理念；
- 公司业务考核指标设计合理，确保各项指标可控、容易操作；
- 注意对新的绩效考核制度的沟通，使上下级理解并支持新政策；
- 公司薪酬激励政策要保持相对稳定性，特别是在考核周期内管理者必须做到言行一致，在销售奖励方面，即使公司吃亏也要维护制度的权威性；
- 公司薪酬激励要实行短期、中期和长期政策相结合，让员工看到奋斗的方向，愿意和公司共同发展，而不仅仅让员工只关注短期利益。

十二、高薪激励在这家公司为何失败？

【案例介绍】

L公司是一家高新技术企业，在创业初期依靠一批志同道合的朋友，大家不怕苦、不怕累，从早到晚拼命干，公司得到了快速发展。几年之后，公司规模扩大到300多人，年收入上亿元。公司发展壮大了，但公司的领导却明显感觉到大家的工作积极性远不如以前，各级领导越来越计较各种报酬和福利待遇。

后来公司老总聘请一家知名的咨询公司设计了一套符合他期望的薪酬制度，新的制度大幅提高了公司各类员工的薪酬水平。

新的薪酬制度推行后，员工满意度得到大幅提高，公司很快就吸引了一大批有才华、有能力的新员工加盟，大家工作努力，工作热情高涨，公司的精神面貌焕然一新。但这种势头并没有持续多久，不久公司又恢复到以往那种散漫的状态。

【主要问题】

（1）公司高薪并没有换来员工的持续高效率，问题的根源在哪里？

（2）为了保持持续有效的激励，公司应采取哪些措施？

【问题分析】

（1）用马斯洛的经典理论来解释就是“已有激励不再起作用”，高薪带来的激励是有时限的，完全靠高薪，缺乏有效的绩效考核配套管理机制，这种激励必然不会长久。

公司应按照“对外具有竞争力，对内具有公平性”的基本原则，采取以下步骤对公司薪酬进行新的改革：

- 建立全面的任职资格管理体系，与员工个人基本工资挂钩；
- 对各类岗位进行系统的岗位评价和分类分级以保证薪酬对内的公平公正性；
- 根据公司生产经营的状况和财务实力，对各类员工的薪酬结构进行再设计，采用适合岗位性质与工作特点的工资和奖励制度；
- 建立规范的绩效薪酬管理机制，员工绩效工资和考核结果挂钩。

（2）为了保持持续的激励，公司要建立以薪酬绩效管理制度为基础的员工激励机制，使公司进入“高薪资、高效率、高效益”的良性循环，通过建立有效的绩效考核、引入适度的竞争、加大对团队绩效奖励的力度以倡导团队的合作精神，将公司的长远发展计划与员工的短期目标密切结合起来，让员工在近期激励、中长期激励的紧密结合中能够受到持续的激励。

十三、薪酬制度不合理造成的不良后果

【案例介绍】

M公司是一家知名的医药企业，为了打破公司里论资排辈的现象，进一步体现“对外有竞争力，对内公平”的原则，该公司计划推行薪酬管理制度改革，

开始实施岗位工资制。其内容是以市场和行业差别等要素来确定公司各类岗位的工资差别和标准，通过工作岗位评价确定各岗位的薪点数。同时，每月按照所属部门的经济效益折算出各个岗位的绩效薪点值。该公司所推行的这种岗位加绩效的弹性等级薪点薪资制度，避免了公司原来实行的薪资制度的先天缺陷。

这种新的薪酬管理制度改革初期确实起到了一定的效果，然而随着时间的推移，尤其是当公司规模迅速扩大时，这项工资制度的弊端便暴露出来了。员工工资连续一年甚至更长时间没有调整，绩效奖金也经常不能按期发放，这对任何一个有上进心的员工来说都是十分不悦的事情。慢慢地，导致越来越多的核心骨干人才相继离开公司。

面对人才流失和士气低落导致公司竞争力削弱的现象，公司管理层专门召开了一次薪酬问题专题会，虽然大家一致认为关于公司薪酬管理制度的改革势在必行，但对于应该如何对薪资制度进行改革、改革从何处下手、最终应该建立怎样的薪酬管理体系却莫衷一是，最终无法形成统一的改革意见。

【主要问题】

（1）该公司薪酬制度主要存在哪些问题?

（2）如何建立科学合理的薪酬管理制度?

【问题分析】

（1）该公司薪酬制度主要存在的问题：

- 未实现岗位工资与绩效工资的有效联动，从薪酬结构角度来讲没有设计好这个关联；
- 公司没有贯彻好薪酬管理制度，公司一年多没有兑现奖金即绩效工资，这对员工的积极性是一种打击，也是严重影响公司威信力的行为，久而久之会对公司管理者的形象造成极大的损害；
- 从该公司薪酬管理制度的结构上看，虽然岗位薪点值能够体现各岗位员工的劳动差别，但按岗位薪点数折算出的绩效薪点值并没有真正体现出员工的实际贡献程度；
- 没有坚持薪酬对外公平性的原则、及时掌握劳动力市场价位变动情况、适时地调整公司员工薪资水平，使得优秀员工离开了公司。

（2）科学合理的薪酬制度体系主要要点如下：

- 员工的薪酬战略要体现公司的战略发展和竞争要求；
- 员工的薪酬分配必须强化“绩效价值”，并且要在全公司宣传到位；
- 公司要建立薪酬与绩效考核相互支撑的管理体系；
- 员工的薪酬分配必须有利于培养和增强公司的核心能力；
- 公司要逐步完善薪酬管理制度，健全工作岗位分析评价、完善任职资格管理体系；
- 公司薪酬体系必须建立团队绩效与个人绩效相关联、相影响的管理机制。

十四、员工为何因薪酬待遇不断抗议？

【案例介绍】

N公司近年来由于业绩较差、员工积极性不高，老板经过考察研究，决定对技术部门经理和中高层管理人员实行额外津贴制度，以激励骨干人员。此项目管理政策宣布后，立刻在公司技术人员中引起强烈不满，大家将矛头直指公司领导，表示如果大家不能全部享受津贴，就只让获得津贴的人干活。

经过一段时间后，公司不得不宣布调整对技术人员的津贴政策——所有人员都设置岗位津贴。公司的津贴激励制度变成了人人有份的“大锅饭”，这项涉及所有技术人员的津贴实施后，没有收到预期效果，相反导致很多麻烦：在生产人员和销售人员得知这个消息后，认为津贴是变相给技术人员涨工资，这对他们不公平，经常到人力资源部和公司领导那里抗议，公司领导也陷入两难的境地。取消技术人员和中高层津贴相当于打自己的嘴巴，如果不取消津贴，其他人员不服气，将导致工作无法进行。

【主要问题】

本案例集中反映的根本问题是什么？

【问题分析】

本案例反映的是如何保证薪酬制度的公平和激励有效性的问题。

员工抗议的主要原因在于内部分配不公平、不合理。很多劳动者“不患寡而患不均”，津贴的设计在制定薪酬体系时必须要进行充分的调查。

在人力资源管理实践中，薪酬体系设计要坚持公平原则、激励原则和平衡原则。

- 公平原则：综合考虑员工的绩效、能力、工作态度以及承担的责任、从外部竞争性和内部一致性等关键要素考虑，使员工感受到薪酬的横向公平和纵向公平。
- 激励性原则：薪酬必须对员工产生一定激励作用，否则薪酬激励就会失去效力。
- 平衡性原则：薪酬构成中的各个方面要全面考虑并进行平衡，既要考虑金钱报酬，又要考虑非物质方面的有效激励。

十五、公司的核心骨干为何辞职?

【案例介绍】

某公司是一家高科技公司，不久前两位核心研发骨干人员提出辞职，跳槽到一家给他们提供更高薪酬待遇的竞争对手公司。

事实上，这两位核心研发骨干人员早在年初就要求公司主管领导给他们加薪，主要原因是这两个人在去年研发工作中表现出色，为公司研发出好几款富有竞争力的新产品，并且产品上市后销售不错。但业务主管部门和人力资源部经理共同分析后认为，这两位人员的薪资水平与同行业平均薪资水平相比已经相当高，在公司两年前制定的薪酬职级表中已经给到最高值，而且这种加薪要求与公司现行薪资制度不符合，因此拒绝了这两位核心员工提出的加薪请求。

对这两位核心骨干的闪电辞职，公司里议论纷纷，很多人为两人的离职感到非常惋惜。

【主要问题】

（1）该公司的薪酬管理制度有无不合理之处？

（2）合理的薪酬制度应符合哪些标准或要求？

【问题分析】

（1）该公司的薪酬管理制度不合理：因为判断薪酬管理制度是否合理的标准之一是该项管理制度是否有激励作用，显然该公司现行薪酬制度无法起到有效的绩效激励作用，不能让员工按照业绩和贡献获得应有的薪酬待遇。

（2）合理的薪酬制度体系设计应符合对内要公平、具有一定激励性；对外要有竞争性，此外还要具备合法性和经济性等原则。

（3）该公司薪酬职级表必须要结合市场竞争及时更新，确保核心人员薪酬市场领先的要求。

小贴士

笔者另一专著《企业人力资源管理全程实务操作》介绍了“公司薪酬职级的有效性”“如何处理薪酬公平和矛盾性”的案例。

《人力资源常见管理问题解决方案及风险防范》则介绍了“试用期内可否不给员工办理社保公积金”“公司对员工最低工资标准如何计算”“新员工试用期工资如何约定才有效”“员工请病假期间是否可只发生活费”“员工从事志愿服务受伤算不算工伤”“医疗期满了还能再次享受医疗期吗”“未经批准的加班是否支付加班工资”“退休返聘人员需要缴纳社会保险吗”“员工的绩效工资公司年底发合法吗”“员工的绩效工资公司可否随意扣除”“为什么涨工资不会为员工带来满足感”“怎样解决剪不断理还乱的加班费问题”“如何用好员工福利这把‘双刃剑’”“如何化解调岗和调职带来的调薪纠纷”“临时工和正式工薪酬是否可以不同”。

这些典型案例在公司管理中都具有一定代表性，值得认真分析和借鉴。

十六、单纯搞精神激励方案的后果

【案例介绍】

P公司是一家做网站的公司，公司起步时正值网络行业高速发展时期，但由于该公司处于小城市，受资金实力限制，不能为所需人才付出比大城市更高的薪酬待遇，工作环境也不如大城市好，难以吸引优秀人才加入。网站最初投资建设的几年里，在内容的深刻度、创新度、吸引力方面都不太令人满意。后来，该公司新来的内容部门负责人张先生为激励员工独创了“明星激励法”，令公司情况有所好转。

为调动编辑的创造力和工作热情，在公司制度、工作安排上，为网站编辑创造成名的条件，如设立以编辑个人名字命名的栏目，尽可能安排他们在各种活动上抛头露面等。这种“明星激励法”并未给公司增加任何成本，只是给员工制定了具体的、具有美好前景和诱惑力的，又现实可行的奋斗目标。这样的激励方式迅速收到成效，短短的半年时间，该网站内容质量大大提升，访问量快速增加，权威性和影响力也获得长足进步。在大家的共同努力下，该网站以超过竞争对手总和的市场占有率成为业界唯一的领先者。这是一种花费小、效果佳的激励方式，堪称该行业激励的典型。

公司发展好了，员工应该同样分享成果，但是由于老板非常“抠门”，长期以来一直缺乏有效的薪酬激励配套制度，特别是老板经常不兑现相关奖金承诺，只靠口头激励，多数员工产生了“被愚弄”的情绪，便纷纷离职，后来该网站公司倒闭。

【问题分析】

从P公司的情况来看，张先生激励员工的目的很明确。从公司角度来看，培养出了高素质员工并充分发挥了他们的潜能；对于员工来说，其能力的提高、声誉的确立也会直接带来自身利益的提高。事实也证明了这一点，经过激励后的员工自身潜力得到极大发挥，收入也相应增加，但是从激励的体系设计考虑，薪酬激励必须要和精神激励相结合，靠“画大饼”这种单一的愿景激励未免过于一厢情愿，最终不能达到激励的目的。

通过上述案例分析，我们可以得出以下几点结论：

第一，企业需要为员工创造发挥才能的良好环境。建立员工争先恐后力争上游的发展氛围，这种积极向上的氛围在一定意义上排除了企业的消极人员。

第二，在我国现阶段，公司应更多地实行以物质激励为主的精神激励配套措施。根据马斯洛的需求层次理论，员工的需求是分层次的，当基层的需求没有得到有效满足时，相对高层需求的激励效果也会弱化。从目前的经济发展水平来看，绝大多数员工还是处于往小康迈步的阶段，对于他们来说，物质方面的要求还远没有得到满足。因此，公司在为员工制定激励措施时要做到因人制宜，满足不同员工的不同需要。这是激励能否取得成效的一个关键因素。

第三，公司不能单纯依靠物质激励的手段，要注意物质激励和精神激励相结合。

物质激励手段在一定程度上可以起到对员工的有效激励，但根据“双因素激励理论”，员工的需求是多元化和层次化的，缺少了物质激励，员工肯定会不满；但是缺乏精神方面的激励，如上司的表扬和及时认可与奖励、员工定期聚会沟通等，也无法对员工起到有效的激励作用。

在公司管理实践中，对员工进行精神方面的激励（非物质激励）方式有很多，有的方法并不一定需要花费很大的精力，同样可以收到事半功倍的效果。比如，有的公司的经理常利用聚餐时间同员工就公司经营的某一实际问题展开讨论，引导员工进行积极主动思考，大家集思广益共同想出解决方案。这样既没有花费太多的资源，又起到了思考和锻炼的目的。又如，当员工参加外部培训项目回来以后，可以由他们对公司的其他未参加培训的员工进行内部培训，达到优质培训知识共同分享的目的，可谓两全其美。

在这样积极向上的公司发展氛围中，员工感受到上司对自己的重视，他们会感到自己的真正价值，这样的激励效果是非常有效的。

十七、销售薪酬激励如何设计才有效?

【案例介绍】

Q公司是一家以销售电子产品配件为主的贸易公司，该公司产品销售来源一是自行生产的电子产品，二是来自原始设备（OEM）制造商。此外，该公司还代理国外品牌。该公司产品的规格型号多达上万种，经营模式属于小批量、多订单型业务模式。产品客户群分为长期固定客户和散单客户。

该公司为了适应市场需要，对销售部职责和各岗位的职责进行了梳理。

- 销售经理：主要负责客户开发、维护和接单工作，接单后的订单处理、采购、仓储、物流等职能均由其他部门负责完成。
- 行业经理：主要负责全国具体某个行业的业务，而行业经理们未涉及的其他行业未进行行业细分，分别由各个区域的区域经理负责。行业经理下属的销售工程师在公司本部由行业经理直接管理。
- 区域经理：负责总部派驻人员的日常行政管理工作，并对业务提供一定的支持。行业经理和区域经理在业务上是不交叉的。

在公司经营过程中，该公司总经理和各级领导一直非常重视销售部，给予他们的报酬同市场薪酬相比也比较有竞争力。然而，公司总经理近来却感到非常困惑，主要问题包括：

（1）销售经理“吃老本”，公司靠自然积累的客户资源让销售人员无须付出多大努力就能得到很多提成收入。在销售趋势好的情况下，销售人员开拓和创新意识明显不足。

（2）市场蛋糕不一样大，任务分配厚此薄彼，没有区分收入差别。公司在划分市场时，未充分考虑各个行业和区域的市场潜力、市场成熟度和开发难度的差异，但是收入没有差别，导致部分经理感到不公平。

（3）销售收入只和销售额挂钩，在销售毛利润空间越来越小的情况下没有和毛利挂钩，公司利润逐年下降。

（4）部门经理个人保护主义严重，很多经理担心的现实问题是，招收一个新的销售人员会分散自己的客户资源，降低自己在公司的权力影响力，而销售人员一旦成长起来被提拔成经理脱离自己的团队后，就会带走自己的客户，给自己造成损失，这导致经理们带新人的积极性并不高，甚至喜欢单打独斗。

（5）销售人员流失率逐年增加，公司销售人员的薪酬模式是最常见的“底薪加提成”模式，所有经理的底薪都是一样的，所有销售工程师的底薪也是“一刀切”，这使得他们和外部竞争对手的薪酬差异越来越大，人员流失率逐年增加。

【主要问题】

（1）造成销售人员诸多抱怨和离职的原因在哪里？

（2）如何从激励体系完善角度解决上述管理难题？

【问题分析】

上述案例作为薪酬和激励配套体系，在实践中具有一定代表性，主要问题如下：

（1）公司对销售人员的薪酬政策稳健有余，但是激励不足。没有根据区域销售潜力制定差异化的销售政策，“大锅饭”的提成机制会造成员工心理不平衡。

（2）团队考核机制不够完善。销售人员和团队利益没有挂钩，个人完成得好坏和团队利益没关系，团队领导不喜欢培养下属，造成下属离职率居高不下。

【解决方案】

针对上述典型问题，建议通过如下方案来解决这个难题：

（1）建立规范的销售人员任职资格体系。销售人员可以建立销售助理、销售工程师、销售经理和销售总监4档任职资格，清晰定义每个职位的任职资格（销售能力和素质要求），基本工资和任职资格挂钩。

（2）公司对销售人员的薪酬政策激励不足。要建立任职资格和薪酬职级配套的激励体系，并且薪酬职级要和绩效考核结果挂钩。

（3）目标市场的销售目标和薪酬职级挂钩。各个行业和区域的市场潜力、成熟度以及开发难度存在差异，以销售额的绝对值作为激励的直接依据自然不公平。公司要建立一套体系，即“任务重则完成销售任务获得的奖励多”的机制，根据行业和区域差异设定不同的业绩目标，再以业绩目标的完成程度作为激励依据。

（4）从单一人员考核向团队考核模式演进。这家公司明显缺乏有效的团队激励机制建设，由于缺乏对销售团队的整体激励和未厘清团队内部利益分配关系，导致部分销售经理出现宁愿单干的想法。

在企业绩效管理实践中一个比较好的做法是，团队绩效工资要和每个人的绩效工资挂钩，这样就可以发挥团队的整体价值。

（5）绩效考核指标的完善。新的绩效考核模式不再采用纯粹销售额提成方式，可采用量化考核体系来操作，常见考核指标如销售额目标达成率、销售费用率、新客户开发、货款回收率以及呆账发生率等。

（6）团队稳定性的技巧。公司销售提成部分按季度累积支付方式实施，即每月发放一部分，之后发放方式可以考虑在第一季度末根据第一季度的绩效目标完成情况来支付第一季度的提成；在第二季度末根据第一季度和第二季度绩效目标之和完成情况支付第一季度和第二季度应得提成，并扣除第一季度已支付部分……在年末根据全年的绩效目标完成情况支付全年的提成扣除前三个季度已支付部分。到了年底，可根据全年任务完成比率，年度任务累计完成超过90%（或者公认的其他设定的标准）的可兑现全部绩效工资，这样可增强销售任务的压力。

小贴士

精神激励是有条件的，必须和有效的物质激励相互结合才能起到组合拳的作用。

同样，物质激励的手段和模式必须紧密结合公司的管理要求精心设计。

【后记】人力资源管理理念比什么都重要!

一本书从薄读到厚，最终还要从厚读到薄。掌握绩效管理的先进理念，深刻洞察绩效管理背后的人性，这是读完本书后必须要深刻反思和回味的。

不论是绩效考核，还是其他人力资源管理制度，都没有绝对的好坏，但是实践出真知，绩效管理制度源于绩效管理理念，企业设计适合企业自身的绩效体系，必须建立在对人性深刻洞察的基础上。

比如，华为公司坚持以奋斗者为本，基于“基层要有饥饿感，中层要有危机感，高层要有使命感”的理念，对员工进行分层驱动，让员工始终远离安逸享乐的平衡状态，以激发员工活力，长期保持艰苦奋斗。

作者本人做过多年绩效工作，刚开始工作时也是职场小白，做人力资源管理总喜欢借鉴业界“高大上”的内容，结果误入歧途。绩效考核要想做得好，企业管理层必须在管理理念上达成一致，这是管理者必须深刻领悟并需要达成的共识。

理念1——管理层要特别清晰公司绩效薪酬和激励管理的目标：建立绩效考核的目的无外乎是驱动公司业绩快速增长，建立良性的人才晋升及优化机制，规模更大的企业还可能以塑造优秀绩效文化为导向，总之不能为了做绩效而做绩效；

理念2——价值链分析是绩效管控的基础：企业经营战略确定后，每个业务板块、职能管理等都要为企业管理战略目标做支撑，围绕业务和管理价值链分析，就会提炼出非常有针对性的考核指标；

理念3——绩效考核与企业任何管理制度都一样，必须本着简单、务实、客观、高效的原则、对关键核心岗位设置KPI建议不超过3个，围绕经营设置 1—2 个 KPI 为最佳，指标多了被考核人员就会抓不到重点，容易陷入管理内耗；

理念 4——绩效考核是“双刃剑”：从人性角度来看，任何人都不喜欢被考核，任何员工面对业绩考核都会讨价还价，会形成管理内耗，考核不公平会打击员工积极性和团队凝聚力，必须通过正向激励实现绩效管理；

理念 5——谨防乱扣绩效变成管理“内卷”：如强制分布法的核心思想就是通过对考核结果进行修正和调整，来实现考核结果满足预先设定的等级分布，对被考核者的正常评价和考核结果要按照比例进行修正，而不是其最初的考核结果，而经过强制分布后的考核结果和数据可能是失真的；

理念 6——企业业绩是真枪实弹做出来的，是领导管理出来的，不是考出来的：好的过程决定好的结果，不要把绩效考核放在签字的协议上变成“甩手掌柜”，作为企业各级管理者，过程管理好就是绩效，否则就是失职行为；

理念 7——无论何种考核，员工要受到公平公正的评价，任何负面评价都可能导致员工对企业的信任和信心缩减：从这一点来讲，企业管理者要慎重出台绩效薪酬等制度，没有专业人士指导擅自发布不负责任的管理制度，极有可能导致企业管理的混乱；

理念 8——绩效考核等级设置一般建议设置 3—4 级为宜，如果公司采纳“严制度、松管理”的理念可以设置 4 级（如 A—优秀，B—良好，C—不合格，D—不可接受），也可以设置 3 级（如 A—超越期望，B—符合预期，C—低于期望）：设置评价级别的目的是对员工业绩分层次，不同层级有不同的安排，A 级的作为中层干部梯队，C 级和 D 级的作为培训或优化的重点，分级管理才能加强绩效管理的针对性，这是管理的目标，如果设置级别太多，容易陷入管理“内卷”，不利于科学有效地做好人力资源管理；

理念 9——考核要增加针对性，成为公司绩效的抓手，坚决避免“眉毛胡子一把抓”：为了提高效率和管理针对性，企业核心高管要签署年度经营考核任务书、销售人员必须签订年度销售任务书，考核为不合格的或者无法接受考核级别的员工必须按月签署月度考核任务书以保留考核结果、为降薪保留证据等，这些有益的做法都是提高管理水平的关键，不至于让奋斗者受到更多的束缚；

理念 10——绩效要抓好两头：业绩突出的要及时激励，业绩不达标的要及时调整和优化，做好年度绩效考核，并和年度人才盘点相结合，确保管理的有效性。

此外，企业核心价值观评价是否纳入公司统一的年度评价，公司价值观对于部门经理及普通员工是否设置年度 360 度价值观评价，并将评价结果作为任职资格、岗位以及职务调整的重要依据，这个要考虑公司的规模、管理导向等因素。

作者在很多知名企业担任企业人力资源顾问，一直倡导抓住要点和关键点，实现企业管理“四两拨千斤”的效果，坚持管理必须务实、简单和高效，基于多年在绩效考核管理方面积累的丰富管理经验，提炼出很多业界领先的管理实践技巧，给企业带来实实在在的收益！

如果您对作者的管理理念感兴趣，欢迎与作者沟通交流。

贺清君老师出版著作简介

- 【通俗易懂】与企业管理实践零距离
- 【理念领先】管理方法理念与时俱进
- 【案例经典】复杂问题要简单化处理
- 【实战实用】看了就懂，拿来就能用

《老 HRD 手把手教你做薪酬》（实操版）

★内容简介：本书通过全面系统传授薪酬管理的基本操作实践，以及大量丰富有效的管理工具让薪酬管理落地，为广大读者提供薪酬管理的实战管理工具，让您全面审视并掌控薪酬管理。

《老 HRD 手把手教你做薪酬》（精进版）

★内容简介：本书站在企业经营战略的高度，系统阐述薪酬架构顶层设计逻辑，详细阐述薪酬管理制度、薪酬管控模式设计、岗位薪酬管控方法，特别对棘手的调岗调薪等问题阐述详细的管理手段，为广大读者提供更高超的管理思路和手段。

《HR 不懂〈劳动合同法〉就是坑公司：
员工从入职到离职整体解决方案》

★内容简介：本书围绕《劳动合同法》实施构建了一整套实战解决方案，从《劳动合同法》法律框架入手，围绕劳动合同订立、履行和变更、解除和终止，劳动风险防范以及如何构建和谐劳动关系，为企业提供了劳动关系管理整体解决方案，一本书彻底搞定企业人力资源劳动关系管理的风险和隐患。

《HR 员工培训从助理到总监》

★**内容简介**：本书全面覆盖员工培训的管理知识和管理体系，重点讲解员工培训的管理实践，通过丰富的培训管理工具让企业各项培训有效落地，手把手的教导，细致入微的讲解，案例式学习，相信读完本书后您的培训管理能力将得到快速提升。

《企业人力资源管理全程实务操作》（第三版）

★**内容简介**：本书以人力资源价值和使命为先导，系统阐述人力资源管理相关的经典模块，重点解读了《劳动合同法》等 HR 常用相关法律关键要点，作者结合多年管理实践为广大读者提炼了很多有价值的管理支持工具。

《企业人力资源必备工具箱》

★**内容简介**：本书全面系统阐述了人力资源管理制度从起草到实施发布的管理操作实践，通过大量制度和表单模板管理工具让人力资源管理从容落地，18 项经典制度覆盖人力资源管理整体解决方案，58 个风险分析避免人力资源管理落入陷阱，68 个超实用的表单看了就懂、拿来就用。

《绩效领导力：从绩效 1.0 到绩效 3.0》

（与沈小滨合著）

★**内容简介**：本书提出了绩效管理的新框架、新思维：从绩效考核到绩效管理，从绩效管理到绩效领导，从绩效领导到绩效战略，为企业绩效管理工作描绘出了一套清晰的发展路径，对企业绩效管理工作的开展，具有现实的指导意义。

图书在版编目 (CIP) 数据

绩效考核与薪酬激励整体解决方案 / 贺清君著．—
4 版．—北京：中国法制出版社，2022.7（2025.11 重印）
（企业 HR 管理和法律实务丛书）
ISBN 978-7-5216-2698-8

Ⅰ．①绩… Ⅱ．①贺… Ⅲ．①企业管理 - 企业绩效 ②
企业管理 - 工资管理 Ⅳ．① F272.5 ② F272.92

中国版本图书馆 CIP 数据核字（2022）第 088733 号

责任编辑：马春芳（machunfang@zgfzs.com） 封面设计：汪要军

绩效考核与薪酬激励整体解决方案
JIXIAO KAOHE YU XINCHOU JILI ZHENGTI JIEJUE FANG'AN
著者 / 贺清君
经销 / 新华书店
印刷 / 北京虎彩文化传播有限公司
开本 / 730 毫米 × 1030 毫米 16 开 印张 / 19.5 字数 / 297 千
版次 / 2022 年 7 月第 4 版 2025 年11月第 5 次印刷

中国法制出版社出版
书号 ISBN 978-7-5216-2698-8 定价：69.00 元

北京市西城区西便门西里甲 16 号西便门办公区
邮政编码：100053 传真：010-63141600
网址：http://www.zgfzs.com **编辑部电话：010-63141822**
市场营销部电话：010-63141612 **总编室电话：010-63141606**
（如有印装质量问题，请与本社总编室联系。）